MICHAEL BERMIG

Das Hosenschwein

Von der Großstadt aufs Dorf –

amüsante Geschichten vom Essen,

Trinken und Jagen

NEUMANN-NEUDAMM

ISBN 978-3-7888-1433-5

© 2012 Verlag J. Neumann-Neudamm AG, Melsungen
Schwalbenweg 1, 34212 Melsungen
Tel. 05661-9262-0, Fax 05661-9262-20
www.neumann-neudamm.de, info@neumann-neudamm.de

Printed in the European Community
Satz/Layout: J. Neumann-Neudamm AG
Titelgestaltung: Michaela Prinz, Berlin. Foto © gdvcom – Fotolia.com
Bildnachweis: Alle Abbildungen aus dem Archiv des Verfassers
Druck und Weiterverarbeitung: Aalexx-Buchproduktion, Großburgwedel

Inhaltsverzeichnis

Das Hosenschwein

118 kg sind zu viel. Auch wenn sich diese auf 54 Jahre alte 189 cm verteilen, ist das eindeutig zu viel. Es muss unbedingt etwas passieren, denn so geht es nicht weiter.

In den letzten Jahren durchwuchs ich einige Konfektionsgrößen von 54 über 56 auf 58, und nun wird sogar die 60 etwas knapp. Die Anzahl der „X" vor dem „L" nahm genauso schnell zu wie die Zahl der Läden und Versandhäuser, die solche Größen handeln, abnahm.

Schon vor Jahren führte mich meine Frau in Hamburg gegen meinen erklärten Willen in einen Spezialladen mit dem bezeichnenden Namen „High and mighty", wo ich zu meinem Erschrecken eine Hose fand, die mir ausgezeichnet passte.

Ich erinnere mich an einen meiner Lieblingslehrer in der Grundschule. Er lehrte Geografie und verband seine Vorträge zu Europa mit spannenden Geschichten aus dem Krieg, denen wir mit weit aufgerissenen Augen und Ohren lauschten. Er war ein hochgeachtetes Original, beim Friseur wurde sogar sein Rohrstock ausgestellt. Beeindruckend war seine gigantische Plautze, über der er den Hosenbund mit etwa 20 cm langen Hosenträgerstummeln trug. Bekannt war sein Spruch, dass für jeden Mann einmal der Zeitpunkt kommt, an dem er sich entscheiden muss, ob er die Hose über oder unter dem Bauch tragen will. Im letzten Jahr versuchte ich es zum ersten Mal mit einer Tiefbundhose, um der darüber liegenden Leibeswölbung, beim Hirsch nennt man diese übrigens und sympathischerweise „hohes Gebäude", mehr Platz zur Verfügung zu stellen. Der Nachteil dieses ansonsten äußerst bequemen Schnittes ist, dass nun die meisten Krawatten zu kurz sind, zumal sie den Weg zum Hosenbund nicht auf direktem Wege nehmen können.

Solche Hosen gibt es nicht überall. Ich kaufe sie über ein Landhaus-Modehaus, welches bei vielen Produkten damit wirbt, diese bis Größe 64 vorrätig zu haben. Na gut, da hätte ich ja noch Reserven. Eine weitere Möglichkeit sind gute Herrenausstatter wie zum Beispiel ein bekanntes Modehaus in München, wobei in diesem sehr gut sortierten Hause die Übergrößen in der oberen Etage gettoisiert sind. Die Verkäufer laufen dort übrigens alle mit einem Bandmaß um den Hals herum, da sich der menschliche Körper bei Zuführung zu vieler Kalorien nicht einheitlich umbildet, so dass im Allgemeinen nach dem Erwerb der Monsterkutte noch die Maßschneiderei tätig werden muss.

Nein, jetzt ist Schluss, ich will und muss abnehmen, eine Diät muss her.

Aber welche? Die meisten, wahrscheinlich sogar alle Diäten, basieren auf der schlüssigen Grundidee, dass, wenn man durch die übermäßige Zuführung von Nahrung dick wird, man durch Entzug derselben abnimmt. Die unterschiedlichen Diätkonzeptionen wie z. B. Abnehmen im Schlaf, Trennkost, diverse Punktediäten oder die Weight Watchers verschleiern dieses Grundprinzip nur aus psychologischen Gründen, indem sie uns einreden, dass wir durchaus genug leckere Sachen zu uns nehmen dürften, von denen wir uns allerdings ohne diese Diät im Leben nicht ernähren würden.

Nein, dann lieber auf die harte Tour. Meine Form der Trennkost ist die radikale, das heißt ich trenne mich von der Kost. Am ersten Tag nichts außer Wasser, vom zweiten bis sechsten Tag Wasser und abends drei Scheiben Knäckebrot mit „Wellness-Aufschnitt" und vom siebten bis zehnten Tag zusätzlich abends etwas Weinschorle, um trotz des Hungers einschlafen zu können.

Hurra 112 kg, die Qual hat sich gelohnt! Sogar meine Frau hatte etwas abgenommen, da das von mir üblicherweise zubereitete warme Abendessen in diesen zehn Tagen weg- bzw. das gemeinsame Abendessen vollkommen ausfiel, weil ich mich weigerte für die 45 Sekunden des Verzehrs der drei Knäckebrotscheiben am Abendbrottisch Platz zu nehmen.

Nun bloß nicht gleich wieder alles zunehmen. Die Gefahr war groß, zumal es Samstag war und das Fußballweltmeisterschaftsqualifikationsspiel Deutschland gegen Russland übertragen wurde. Das bedeutete zumindest einige Biere, welche wiederum den Appetit anregten, der natürlich gestillt werden würde, was voraussichtlich den Genuss einiger Kräuterliköre nach sich ziehen dürfte.

Also, Flucht in den Wald. Es war Oktobermond und an der Kirrung der Suhlen-Kanzel hatte sich die Überläuferrotte gefährtet. Diese uns bekannte führerlose Bande von Mineuren hatte die unsägliche Angewohnheit, auf den Äckern metertiefe Löcher zu graben, was schon zu einigen Wildschadensausgleichszahlungen geführt hatte. Die Sauen waren alle wohlgenährt und brachten bestimmt um die 60 kg auf die Waage. Das würde gut passen, denn seit vergangenem Jahr war ich stolzer Besitzer eines Kalträucherofens, und für das kommende Weihnachtsfest würde der Zeitraum zur Zubereitung von Geräuchertem noch reichen.

Schinken, Speck, Rippen, Bauch und Teile vom Rücken salze ich trocken ein und gieße nach drei Tagen eine zehnprozentige Pökelsalzlake über. Alles bleibt ca. sechs Wochen in der Kühlzelle, um dann anschließend 36 Stunden mit klarem Wasser gewässert zu werden. Die gut getrockneten Stücke räuchere ich dann drei bis vier Wochen. Das Ergebnis dieser Arbeit hat bei Freunden und Verwandtschaft einen hohen Beliebtheitsgrad und hält sich eingeschweißt im Kühlschrank fast ein Jahr.

Doch vor dem Essen, Räuchern und Zerwirken kommt bekanntlich das Erlegen. Ich packe also meinen Rucksack, überprüfe nochmals den Ladezustand meiner Lampe, koche mir einen Tee, nehme Drilling und Fernglas und steige in unseren alten Geländewagen. Mein Deutsch-Wachtel namens Don folgt mir begeistert.

Die Suhlen-Kanzel steht in einem lichten Bestand, rechts hinten fast hiebreife Buchen, rechts vorn ein junger Erlenbestand und links ein frisch durchforsteter Mischwald aus Buchen und Kiefern. Die Suhle, ein kleiner meist trocken gefallener kleiner Teich, ist etwa 80 Schritt entfernt, aber bedingt durch den starken Uferbewuchs kaum einzusehen. Im Mischwald liegen etwa 50 cm hoch die Reste der Tätigkeit des Harvesters.

An der Suhle angekommen mache ich es mir auf der Kanzel bequem und freue mich, dass die zwei Hände voll Mais an der Kirrung noch da sind. Problematisch sind aber die Lichtverhältnisse. Es sind zwar nur vereinzelte Wolken am ansonsten klaren Himmel, aber der Mondschein wird durch die Baumwipfel der Kiefern teilweise verdeckt.

Nun heißt es warten, irgendwann würde schon etwas passieren. Ich habe genug Zeit.

Dann denke ich: „Rumpsteak!"

Skurrilerweise denke ich immer „Rumpsteak", wenn ich so mit mir alleine bin und Hunger habe, wobei ich dabei bildlich gar kein „Rumpsteak" sehe und außerdem zwar sehr gern Rindfleisch esse, aber dann doch lieber Filet oder Rib Eye. Nein, „Rumpsteak" ist lediglich ein Signal meines Geistes, dass ich alleine bin und Hunger habe. Vielen Dank für diese Information!

Zwei, drei Stunden geht mir das Übliche durch den Kopf: „Hat da was geknackt? Hat sich da was bewegt? Das war wohl ein Vogel, das raschelt jetzt aber tüchtig, nein, das waren nur Mäuse, jetzt ist es dunkel an der Kirrung, jetzt wird es wieder heller, jetzt geht es los, nein, das war nur eine Fledermaus, die im Hochsitzdach wohnt, Rumpsteak. Was gibt es eigentlich morgen Mittag?"

Plötzlich ein zwar noch recht weit entferntes, aber lautes Knacken. Kurz darauf ist deutlich zu vernehmen, wie sich mehrere schwere Stücke in meine Richtung bewegen. Und dann sehe ich sie auch schon im Mondlicht zügig die Kirrung anwechseln. Es ist unsere Überläuferrotte. Sie besteht wie zu ihrer letzten Sichtung aus sechs Sauen. An der Kirrung angekommen sind diese aber nicht mehr zu sehen, da der Mond wieder verdeckt ist. Es beginnt ein gewaltiges Gegrunze, Geschnaufe und Geblase und ich habe Angst, dass mein Mais aufgebraucht sein wird, bevor sich die Lichtverhältnisse bessern. Hätte ich den Mais doch bloß breitflächiger ausgebracht. Ca. drei Meter neben der Kirrung ist das Licht ausreichend.

Ich hatte den Drilling schon beim ersten Knacken in Anschlag gebracht und warte nun auf meine Chance. Plötzlich herrscht vollkommene Ruhe. Jetzt sind sie wohl doch alle weg. Aber das hätte ich doch bemerken müssen. Etwa drei Minuten lang ist nichts zu hören. Da, ein lautes Grunzen, und ein Schwarzkittel steht im Mondlicht.

Nun aber flott! Rauf mit dem Leuchtpunkt und der Schuss bricht. Mit lautem Poltern verabschiedet sich die Rotte und ich sitze aufgeregt auf meinem Sitz, kann die Zeit kaum abwarten, nachzusehen, was mir da gelungen oder nicht gelungen ist.

„Aber ich war doch mit dem Leuchtpunkt gut drauf und hatte trotz der Hektik noch genügend Zeit", versuche ich meine aufkommenden Zweifel zu zerstreuen. Durch das Glas ist auf jeden Fall kein Schwein zu sehen.

Jetzt sollte genug Zeit verstrichen sein, zumal es im Wald still ist und ich kein Schlegeln höre. Vorn angekommen suche ich die nähere Umgebung mit der Lampe ab. Kein Schwein zu sehen, aber am Anschuss ist Schweiß, heller Schweiß, also sehr wahrscheinlich ein Kammerschuss. Damit wird das Schwein nicht weit kommen. Gut, aber das mache ich nicht alleine, zumal die Fluchtrichtung ins Unterholz geht. Wozu hat man schließlich einen Hund?

Also alles eingepackt und den Geländewagen samt Hund geholt. Don hatte sichtlich den Schuss gehört und ist schon ganz aufgeregt. Er kennt seine Aufgabe aus Training und Prüfung. Außerdem üben wir mit ihm bei jedem Stück, das wir schießen, egal ob es am Anschuss liegt oder tatsächlich gesucht werden muss.

Na, dann wollen wir uns mal vorbereiten. Den Jagdhut und die warme Jagdjacke brauche ich schon mal nicht. Das Fernglas ist unnütz und das Zielfernrohr nehmen wir auch runter. Die Waffe laden und statt der Schrotpatrone ein Flintenlaufgeschoss. Mit der kleinen Kugel habe ich jetzt drei Schuss, das müsste reichen. Ach komm, noch zwei Patronen in die Hosentasche. Dazu das Jagdmesser und in die andere Tasche den Bergehaken mit dem Bergegurt, das spart Wege. So, nun noch die Lampe mitnehmen und den Hund mit Schweißhalsung und Nachsucheleine.

Es geht los.

Schon auf dem Weg zum Anschuss muss ich feststellen, dass ich trotz ausgiebiger Vorbereitung etwas Wichtiges vergessen habe.

An meinem letzten Jagdtag vor zehn Tagen passte mir meine Jagdhose noch wie angegossen, ohne dass ich einen Gürtel gebraucht hätte. Jetzt, sechs Kilo leichter, lässt der Sitz des Beinkleides, zusätzlich beschwert mit diversen Ausrüstungsgegenständen, deutlich nach und ich habe weder Gürtel noch Hosenträger dabei. Egal, da muss ich jetzt durch.

Nachdem mein Hund die Fährte aufgenommen hat, startet er in gewohnter Geschwindigkeit durch, welche uns immer wieder vermuten lässt, dass er einen Schlittenhund in der Ahnentafel hat. Da ich den Drilling auf dem Rücken habe, nutze ich die rechte Hand für die Hundeleine und die linke Hand für die Lampe, wobei ich alle fünf bis sechs Meter die Lampe unter den rechten Arm klemme, um mit der linken Hand die Hose wieder auf ihren angestammten Platz zu bugsieren. Dabei versuche ich, den Schein der Lampe nach vorn zum Hund zu richten, um hoffentlich bald das Schwein zu sehen. Das fehlende Licht vor meinen Füßen sorgt im dichten Unterholz für deutliche Nachteile, so dass ich mehrmals lang hinschlage.

Es gelingt mir dabei durch reaktionsschnelles Leinegeben, den Hund weiter auf der Fährte zu halten, bis ich mich wieder aufgerappelt habe. Dann erwischt es mich aber doch. Don, dessen bestes Prüfungsergebnis sein Formwert war, „ein sehr schöner leichter Wachtelrüde", schwebt über die Suhle, an deren Rand ich von ihm gezogen über einen Ast stolpere und der Länge nach in der Wellness-Oase des Schwarzwildes lande.

Nun ist der Hund doch runter von der Fährte und interessiert sich mehr für das seltsame Tun seines Führers. Ich wühle mich aus dem Schlamm. Die Waffe ist Gott sei Dank noch sauber. Aber ich sehe aus, als wolle ich mich der Überläuferrotte anschließen. Der gröbste Dreck wird irgendwie abgekratzt und zurück geht es zum Anschuss.

Don nimmt die Fährte nochmals willig auf und ich folge ihm – jetzt etwas schneller, da ich nun die ersten Meter kenne und außerdem die von mir zuvor geschlagene Schneise nutzen kann. Das nun nochmals durch den Schlamm deutlich erhöhte Gewicht meiner Hose hat zur Folge, dass ich nun die linke Hand ständig am hinteren Hosenbund belassen muss. Mit der Rechten halte ich Leine und Lampe. Es geht über Stock und Stein, wobei ich versuche die Zahl der „Niederschläge" in Grenzen zu halten.

Da! Da liegt das Schwein!

Etwa fünfzehn Meter vor mir liegt die Wildsau und der Hund geht zügig auf sie los.

Doch was ist das! Das Schwein steht auf!

Der Hund erschrickt. Ihm fehlt die Erfahrung für solche Situationen, da er bei unseren Nachsuchenübungen das Stück zum Schluss immer verendet fand. Er steht ohne Laut zu geben vor dem dreimal größeren Schwein.

Ich lege an. Ich muss versuchen, den Hund zu mir zu holen, und pfeife kurz. Don entschließt sich, entgegen seiner Angewohnheit und zum Erstaunen seines Herrn, dem Ruf sofort zu folgen.

Ich komme zum Schuss!

Mit lautem Schnaufen bricht das Schwein zusammen!

Ich schaue an mir herunter – die Hose hängt auf Knöchelhöhe.

Während ich das Beinkleid raffe und den Hund lobe, befällt mich die erste Heiterkeit. Diese vergeht mir aber schnell, denn das Bergen des Stückes, einer 62 kg schweren Überläuferbache, mit nun wieder temperamentvollem Hund, Lampe, Drilling und der sich der Erdanziehung ergebenden Hose ist noch schwieriger als die Nachsuche.

Es muss Hilfe her. Ich rufe meine Frau an, welche mir gleich freudig erregt mitteilt, dass Deutschland 2:1 gewonnen hat, und gebe knappe Informationen und Anweisungen: „Schwein geschossen, brauche dich, nimm noch eine volle Lampe mit, ich hole dich gleich ab. Ach ja, ich brauche Hosenträger."

Der Schinken wurde vortrefflich. Der Verzehr war immer wieder Anlass, allen, die die Geschichte noch nicht kannten oder dieses zumindest vorgaben, von meinem Abenteuer im Wald zu erzählen.

Wrangelsburg mit Gutshaus und Schlosssee

Mein Lehrprinz oder die Rehe sind die jungen Hirsche

„Schau mal, so was hat dich doch schon immer interessiert!"

Es war Wochenende, wir saßen beim Frühstück und meine Frau hielt mir die Ostseezeitung unter die Nase. Der Lehrgangsleiter des Kreisjagdverbandes kündigte in einem kleinen Artikel an, dass am 30.3.1996 der neue Jägerlehrgang beginnen würde.

Meine Frau hatte recht, denn trotz fast vollständig fehlender Kenntnisse, fühlte ich mich seit meiner frühesten Jugend zur Jagd und dem ganzen urigen Drumherum hingezogen. Als kleiner Junge besuchte ich mit meinen Eltern und meiner Schwester Onkel Felix in Carlsfeld. Der Onkel meiner Mutter war in dem kleinen erzgebirgischen Dorf Revierförster und ich durfte am Abend mit auf den Hochsitz. Auch wenn Onkel Felix an diesem Tag nichts erlegte, zog mich die erlebte Spannung noch lange in den Bann, so dass mein erster Berufswunsch – Förster – ab diesem Moment feststand. Da ich meine ersten drei Lebensjahrzehnte in Halle verbrachte, wo naturgemäß relativ wenig Möglichkeiten bestehen solche Leidenschaften auszuleben, versandete mein Interesse und zeigte sich nur noch darin, dass ich recht gern im Wald wanderte und an keinem Jagdmuseum vorbeikam.

Warum sollte ich das mit dem Jägerlehrgang nicht versuchen?

Wir waren 1994 aus beruflichen Gründen von Rostock nach Wrangelsburg, einem kleinen Dorf zwischen Greifswald und Anklam, gezogen. Die Entscheidung war uns nicht leichtgefallen. Der Tag der ersten Grundstücksbesichtigung war verregnet und Ende März 1993 zeigte sich noch wenig frisches Grün. Der gesamte Ort wirkte grau und einige verlassene und teilweise verfallene Ställe und Scheunen komplettierten den ersten negativen Eindruck. Trotz des nach der Wende einsetzenden Baubooms stand hier noch kein neues Haus und die bestehenden Häuser bedurften meist der Renovierung. Aufgrund des sehr günstigen Grundstückspreises, der es uns ermöglichte ca. einen Morgen Bauland am Rande des Dorfes zu erwerben, entschieden wir uns trotzdem positiv. Wenn wir den Anfang machten, würden sich vielleicht weitere Bauinteressenten für die vielen unbebauten Grundstücke finden, hofften wir. Diese Hoffnung ist übrigens in den Folgejahren in Erfüllung gegangen.

Als wir im Juli 1994 in unser neues Haus einzogen, lag eine sehr arbeitsreiche Zeit hinter uns. Wir hatten uns für ein Fertigteilhaus entschieden, welches wir selbst ausbauten. Seit Weihnachten hatten wir fast jedes Wochenende auf unserer Baustelle verbracht, weshalb für die Erkundung der Umgebung noch keine Gelegenheit gewesen war. Nun, nach dem Einzug, nahmen wir uns erstmals die Zeit anzuschauen, wo wir überhaupt hingezogen waren.

Und wir staunten.

Hinter dem renovierungsbedürftigen Gutshaus entdeckten wir den Weißen See, auch Schlosssee genannt, von dem wir zu unserer Schande noch nichts gewusst hatten. Zwei weitere Seen, der wegen seines nährstoffarmen moorigen Wassers Schwarzer See genannte und der relativ verlandete Blaue See, liegen nicht weit entfernt im angrenzenden Wald und sind sehr leicht zu erwandern. Der Wrangelsburg nördlich und östlich einfassende Wald erstreckt sich auf ca. 3000 ha, von Diedrichshagen bei Greifswald bis kurz vor Wolgast, dem Tor zur Insel Usedom, und ist mit Wanderwegen gut erschlossen. Bald kannten wir auch die ersten interessanten Wanderziele, wie das Arboretum und den alten slawischen Burgwall mit der angrenzenden Burgwallwiese. Immer wieder konnten wir bei unseren Wanderungen Wild beobachten. Auch von unserem Grundstück aus sahen wir häufig in der westlich von Wrangelsburg liegenden Feldflur Rehe.

Und nun dieser Artikel.

Die letzten Jahre waren dienstlich sehr ereignisreich gewesen. Aber langsam hatte ich die meisten Probleme im Griff. Auch am und ums Haus waren die wichtigsten Vorhaben erledigt, sodass die Situation regelrecht nach einem Hobby schrie. Ich hatte schon die Anschaffung eines Motorrades ins Auge gefasst und war dabei mir vorzustellen, wie ich mit meiner Frau als Sozius auf einer Harley-Davidson oder einer Golden Wing über die schönen Alleen Mecklenburg-Vorpommerns cruisen würde.

Aber Jägerlehrgang – das war die ganz tolle Idee.

Selbst wenn ich die bekanntermaßen schwierige Prüfung nicht schaffen sollte oder ich während des Lehrgangs die Lust verlieren würde, hätte ich bei dieser Umgebung Nutzen vom neu Erlernten.

Also anrufen und anmelden.

Am letzten Sonnabend im März ging es um acht Uhr im Forstamt in Wolgast los. Wir waren eine sehr gemischte Truppe: vom fünfundzwanzigjährigen Schlosser bis zum Rentner und vom promovierten adeligen Nervenarzt oder jungen Hals-Nasen-Ohrenarzt bis zum Nachtwächter. Auch eine Frau war dabei.

Uns alle vereinte der Wille, mit viel Fleiß in den kommenden Monaten das Wissen und die Fertigkeiten zu erlangen, um die Jägerprüfung zu bestehen.

Aber alle – außer mir – vereinte außerdem, dass sie von der Sache schon etwas verstanden. Jeder – außer mir – hatte auf die eine oder andere Art die Möglichkeit gehabt, praktische Erfahrungen zu sammeln.

Der Rentner zum Beispiel kam vom Lande, war Angler und Buschmann, wie er im Buche steht, so dass er jedes Jahr als Treiber eingesetzt wurde. Ich konnte mir vorstellen, dass seine Familie in den kargen Jahren nach dem Krieg bestimmt keinen Hunger gelitten hatte. Der junge Arzt schlich regelmäßig durch unseren Wald und fotografierte Rot- und Damwild. Ich war tief beeindruckt, als er eines Tages mit unserem Schießlehrer, welcher auch Geschäftsführer der Hegegemeinschaft für Rot- und Damwild war, seine Hirschfotos austauschte und beide fast immer wussten, wo die entsprechenden Einstände und wie alt die jeweiligen Hirsche waren. Der Nervenarzt blickte auf eine lange familiäre Tradition zurück, welche er uns, genau wie das „von", vorerst verschwieg. Der Nachtwächter, ein etwa 1,85 m großer, ca. vierzigjähriger korpulenter Mann mit langem Rauschebart, kam schon am ersten Tag mit Lodenmantel und Jägerhut zum Lehrgang. Ich begrüßte ihn versehentlich als vermeintlichen Lehrgangsleiter. Und die junge Frau war sichtlich mit ihrem Hegeringleiter liiert.

All diese Voraussetzungen hatte ich nicht.

Schon am ersten Tag blamierte ich mich mehrfach bis auf die Knochen, weil ich den Unterschied zwischen Büchse und Flinte nicht kannte, mit dem Begriff Schalenwild nichts anfangen konnte und staunend die Existenz von Rot-, Dam-, Sika- und Rehwild als unterschiedliche Arten zur Kenntnis nahm. Aber wofür gab es Bücher? Interessanterweise erhielten alle Lehrgangsteilnehmer nach ca. einer Woche die ersten Jagdkataloge zugeschickt. Ich konnte also die notwendigen Bestellungen auslösen, um den Frontalangriff auf das für das „grüne Abitur" notwendige Wissen zu starten.

Nun hieß es lernen, lernen und nochmals lernen, womit wir bei Lenin wären, welcher auch gesagt haben soll, dass Wissen Macht ist.

Das bestätigte sich einige Monate später anlässlich eines Besuches unseres besten, ebenfalls aus der Stadt kommenden Freundes, als dieser meiner mitlernenden Frau und mir allen Ernstes die Frage stellte, ob die Rehe die jungen Hirsche seien, und wir in allwissendes Gelächter ausbrachen. Diese Frage will er übrigens inzwischen auch nicht mehr wahrhaben.

Der Lehrgang war interessant. Eher trockenem Jagdrecht folgte Land- und Waldbau, die Wildkrankheiten wurden genauso durchgesprochen wie die einzelnen Jagdarten und mit der Bedienung der Jagdwaffen wurde sich theoretisch und praktisch beschäftigt, d. h. es ging auf den Schießstand.

Hier entwickelte sich langsam erste Zuversicht, da ich die in der Prüfung geforderten Treffer in den Disziplinen „stehender Bock", „laufender Hase" und „laufender Keiler" regelmäßig erreichte. Aber hinsichtlich der erheblichen Menge des zu erlernenden theoretischen Stoffes schwand diese Zuversicht wieder. Immer mehr musste ich feststellen, dass trotz eifrigen Lernens die Menge dessen, was ich nicht wusste, größer wurde und nicht kleiner.

Wir erhielten Tipps von unseren Ausbildern, wie wir zusätzliches Wissen erreichen könnten. Unser Schießlehrer empfahl uns die jagdliche Belletristik, welche neben der Vermittlung jagdlicher Erfahrungen es auch ermöglichte, die ungewohnte Weidmannssprache zu erlernen und möglichst zu verinnerlichen.

Also wieder Katalog auf die Knie und alles bestellt, was Rang und Namen hat: Walter Frevert, Philipp v. Meran, der nicht nur regional bekannte Helmut Mattke, aber auch Ludwig Ganghofer und Busdorfs Förstermorde. Jeden Abend ein paar Seiten lesen, interessant und spannend war das schon. Und fast jeden Sonnabend zum Lehrgang.

Auch wenn sich alle Ausbilder sehr viel Mühe gaben, so fesselte uns unser Wildbiologe, der Präparator der Universität Greifswald, mit seinem Unterrichtsstil ganz besonders.

Da bei der Jägerprüfung alles jagdbare Wild geprüft werden konnte, mussten wir uns auch mit dem in Mecklenburg-Vorpommern nicht vorkommenden Auerhahn beschäftigen.

Nachdem uns unser Dozent alle prüfbaren und damit wichtigen Informationen zu diesen urigen Raufußhühnern wie Größe, Gewicht, Vorkommen, Jagdzeit, Anzahl der Eier, Brutverhalten, Brutzeit usw. gegeben hatte, kam er mit sichtlichem Vergnügen zum Balzverhalten.

Das Besondere der Auerhahnbalz ist das Balzlied. Mit diesem Balzlied ist auch die übliche Jagdart auf den Auerhahn verbunden, das Anspringen. Schon diese Bezeichnung einer Jagdart auf einen Vogel wirkt erheiternd, die Beschreibung der Methode ist es noch mehr.

Das Balzlied besteht aus vier Teilen und beginnt mit dem hölzernen Knappen, welches, sich immer schneller wiederholend, zum Trillern übergeht. Es folgt der Hauptschlag, welcher etwa mit dem Geräusch des Entkorkens einer Flasche verglichen werden kann. Der vierte Teil ist das Schleifen. Es soll wie das Wetzen einer Sense klingen und dauert etwa vier Sekunden.

Der Auerhahn äugt und vernimmt im Allgemeinen gut, was heißen soll, dass er gut sehen und hören kann. In den vier Sekunden des Schleifens vernimmt er aber nichts. Er äugt zwar noch gut, aber diese Fähigkeit wird durch seine sexuell erregte Körperhaltung mit hochgerecktem Haupt und Stingel, das ist beim Auerhahn der Hals, eingeschränkt. Das ist die Chance für den Jäger. Er muss, gut in Deckung verweilend, den Hauptschlag abwarten, um in den vier Sekunden des Schleifens, mittels des „Anspringens", schnellstmöglich die nächste Deckung zu erreichen. Von Vorteil ist, wenn die dadurch erreichte neue Deckung dem Auerhahn näher liegt als die vorhergehende, da die ganze Aktion ansonsten keinen Sinn ergäbe.

Dieser Vorgang wiederholt sich so lange, bis der Jäger eine sichere Schussentfernung erreicht und den Hahn erlegt oder durch Unachtsamkeit zu Boden geht, mit der Folge, dass der Auerhahn „abreitet", also wegfliegt. Auch wenn der Auerhahn mit der eigentlichen Balz beginnt, wird der Jäger zur schamhaften Aufgabe seines Tuns veranlasst – glaube ich jedenfalls.

Unser Dozent beschrieb uns diese Jagdart anhand eigener Erfahrungen während einer Jagdreise nach Ostpreußen. Voller Spannung beobachteten wir seine nachgespielte ostpreußische Auerhahnjagd, welche das gesamte Klassenzimmer in Anspruch nahm. Jede Deckung wurde genutzt. Die während des Schleifens gesetzten Schritte waren schnell und sicher. Unser Dozent wechselte ständig die Rollen, vom balzenden Hahn zum anspringenden Jäger und zurück. Das Balzlied klang – zumindest für unsere ungeübten Ohren – überzeugend. Das Problem unseres Dozenten bei diesem Jagderlebnis in Ostpreußen war, dass er zwar deutlich das Balzlied vernahm, den Hahn aber nicht eräugen konnte. Deshalb irrte er relativ ziellos umher. Immer und immer wieder versuchte der Jäger die Richtung des Balzliedes zu erfassen, um beim nächsten Schleifen seine Position zu verbessern – als plötzlich die Losung (= der Kot) des Auerhahnes neben ihm auf dem Boden aufschlug, was bedeutete, dass der gesuchte Hahn unerwarteterweise direkt über ihm saß.

Ob der Auerhahn geschossen wurde, weiß ich nicht mehr. Gut kann ich mich aber erinnern, dass ich am selben Abend haargenau dieselbe Geschichte bei Walter Frevert las. Trotzdem, oder vielleicht gerade deshalb, bin ich unserem Dozenten sehr dankbar, denn neben dem großen Auftritt, den wir genießen konnten, hat er dafür gesorgt, dass ich das Gehörte wohl nie vergessen werde.

Aber alles Erlernen von Theorie und Jägersprache, die für einen unbedarften Nicht-Jäger zugegebenermaßen doch recht blumig daherkam, reichte nicht aus – es fehlte die Praxis.

Wir sprachen unseren Lehrgangsleiter an, ob er nicht Jäger kennen würde, die sich unser annehmen könnten, einige von uns bräuchten einen Lehrprinzen. Da der Lehrgangsleiter schon viele Jahre die Jagd ausübte, kannte er Hinz und Kunz, wie man so schön sagt, und wie aus der Pistole geschossen wurde jedem Kursteilnehmer ein geeigneter Jäger, manchmal sogar mit Anschrift, genannt.

Als ich an der Reihe war, fiel der Name Otto Spiering.

Gehört hatte ich diesen Namen bereits einmal. Wir kannten zwar noch nicht viele Leute in Wrangelsburg, aber auf dem Weg zum Wald kamen wir immer an einem großen Grundstück mit vielen kleinen Nordmanntannen vorbei. Auf dem Hof befand sich ein Hundezwinger mit einem kleinen, sehr spitz bellenden und sehr temperamentvollen Hund. Dieser Hund sprang an seinen Zwingerwänden hoch bis an die Decke, was manchmal aussah, als würde er auf der einen Seite hoch, über die Decke und auf der anderen Seite wieder hinunterlaufen. Inzwischen wusste ich dank des Lehrgangs auch, dass es sich bei diesem Hund um einen Jagdterrier handelte. Das Grundstück gehörte der Familie Spiering, zu der wir bisher aber noch keinen Kontakt hatten.

Da mir beim Lehrgang nur ein geeigneter Jäger genannt, aber nicht versprochen wurde, dass dieser auch bereit war, sich um mich zu kümmern, musste ich versuchen mit Herrn Spiering ins Gespräch zu kommen. Das war bestimmt nicht schwer, denn wenn wir an diesem Grundstück vorbeikamen, war der Eigentümer meist bei der einen oder anderen Arbeit zu sehen und wir hatten zwei Wochen Urlaub.

Es würden sich bestimmt Anknüpfungspunkte ergeben wie zum Beispiel:

„Haben Sie auch so viele Kartoffelkäfer?"

„Ich weiß ja nicht, wie viele Sie haben."

„Ich hau da immer rechtzeitig Bi 58 drauf, die geernteten Kartoffeln können Sie im nächsten Jahr als Saatkartoffeln nehmen, da gehen die Mistviecher immer noch nicht ran. Ha, Ha, Ha."

„Ich sammele die lieber ab und tue sie in ein Glas."

„Und dann?"

„Dann kriegen sie die Hühner."

„Ach so – na ja – ist ja auch egal, wie man die umbringt. Apropos umbringen, Sie sind doch Jäger? Ich will gerne auch Jäger werden. Wollen Sie mein Lehrprinz sein?"

Irgendwie hoffte ich, dass mir in der konkreten Situation etwas Besseres einfallen würde. Übrigens, das mit dem Bi 58 darf man natürlich nicht machen!

Doch es war wie verhext. Täglich ging ich mehrfach mit unserem Rauhaardackel spazieren und richtete es so ein, dass ich jedes Mal mindesten zweimal bei Familie Spiering vorbeikam. Nie ergab sich eine Möglichkeit, fast immer war niemand zu sehen. Einmal verschwand Herr Spiering bei meinem Erscheinen schnell im Haus. Ahnte er was oder war ich gar angekündigt? Der Urlaub war fast vorbei und ich hatte immer noch keinen Lehrprinzen.

Nun sprach meine Frau ein Machtwort und legte fest, dass ich noch heute bei Spierings klingen sollte. Ich nahm meinen ganzen Mut zusammen und versuchte mein Glück:

„Schönen guten Tag Herr Spiering. Ich bin Michael Bermig. Wir wohnen dort unten gegenüber von Rohdes. Vielleicht wissen Sie, wir waren die ersten, die hier neu gebaut haben. Na ja, und ich habe dieses Jahr beim Jägerlehrgang angefangen. Und unser Lehrgangsleiter meinte, dass jeder auch praktische Erfahrungen braucht. Und da habe ich ihn gefragt, ob er nicht jemanden kennen würde, der mir helfen könnte. Na ja, und da hat er ihren Namen genannt. Und jetzt möchte ich Sie fragen, ob Sie vielleicht bereit wären, das eine oder andere Mal, wenn es ihnen keine Umstände macht – na ja – ich würde ja auch gern im Revier helfen ..."

Herr Spiering unterbrach mich, schaute mich prüfend und etwas unwirsch an und sagte: „Heute 21 Uhr hier, seien Sie pünktlich."

Na wenn das nichts war. Meine Frau freute sich auch sehr mit mir, ohne natürlich auf den Hinweis zu verzichten, dass ich ohne ihr Machtwort immer noch mit dem Dackel durch die Gegend rennen würde.

Pünktlich war ich am Abend zur Stelle. Mühsam hatte ich unter meinen Arbeits- und Freizeitklamotten etwas jagdlich „Anmutendes" herausgesucht. Herr Spiering musterte mich etwas konsterniert und fragte, wo ich denn mein Fernglas hätte.

„Äh – da habe ich noch keins. Im Katalog sind so viele und beim Lehrgang haben wir die Jagdoptik noch nicht durchgesprochen. Mal sehen, welches ich mir kaufe. Ich habe aber gute Augen."

Und los ging's.

Nach sieben Jahren wieder Trabi fahren. Irgendwie war mir der früher größer vorgekommen. Ich muss wohl in den letzten Jahren gewachsen sein. Das würde auch die Gewichtszunahme erklären.

Wir fuhren in den Wald, bogen zweimal links ab und standen nach fünf Minuten Fahrt an der Grenze zwischen Wald und Acker. Herr Spiering warf sich seinen Drilling über und los ging es immer an der Ackerkante entlang. Wir erreichten die westlichste Spitze des Waldes. Hier stand eine alte Eiche und in dieser Eiche, etwa sechs Meter über dem Erdboden, war eine überdachte Kanzel eingebaut. Den ersten Aufstieg empfand ich damals als recht abenteuerlich, den folgenden Ansitzabend eher nicht.

Vor uns ein großes Maisfeld, der Mais stand etwa zehn Zentimeter hoch, ca. fünfhundert Meter entfernt zwei

Bauminseln, von denen ich inzwischen weiß, dass sie Sölle heißen, und einen Kilometer entfernt die Bundesstraße.

Herr Spiering schwieg konsequent, nur einmal zeigte er mir ein angeblich vorhandenes Reh, welches ich aber mit meinen guten Augen und ohne Glas nicht erkennen konnte. Dann war endlich Schluss mit der langweiligen Veranstaltung und wir fuhren zurück. Bei der Verabschiedung verabredeten wir uns für den nächsten Sonnabend um dieselbe Zeit.

Zuhause angekommen wurde sofort der Jagdkatalog studiert und ein Fernglas ausgesucht. Ich entschied mich für ein Glas amerikanischer Herkunft. Es hatte die richtige Vergrößerung und den dazu passenden Objektivdurchmesser und kostete nur 350 Mark. Den Investitionsantrag für ein deutsches Markenglas, die alle mindestens 2000 Mark kosteten, traute ich mich nicht bei meiner Regierung zu stellen.

Das Fernglas wurde rechtzeitig gemeinsam mit einem preiswerten Jagdanzug geliefert. Die Begrüßung durch Herrn Spiering fiel entsprechend wohlwollender aus. Das Fernglas wurde skeptisch begutachtet und der baldige Kauf eines richtigen Glases vorausgesagt. Dieser folgte dann auch wenig später. Wir setzten uns wieder auf die Eiche, wie die Kanzel kurz genannt wurde, und der Abend gefiel mir gleich viel besser. Jetzt sah ich auch die leider für einen Schuss viel zu weit entfernten Rehe. Dann war dort ein Hase. Was war denn hinter uns im Dorf los? Ist der Vogel im Baum nebenan ein Habicht? Hinten auf der Wiese schnürte der Fuchs. Da wir uns gegenseitig auf die Beobachtungen aufmerksam machten, wurde Herr Spiering gesprächiger. Zuhause angekommen, meinte Herr Spiering, dass es so nicht weitergehen kann. Er wäre in seinem ganzen Leben noch nicht mit jemandem zur Jagd gegangen, den er siezen muss.

„Das können wir aber schnell ändern", meinte ich erfreut und lud Herrn und Frau Spiering für den nächsten Sonnabend zu einer kleinen Grillparty ein. Otto Spiering war einen Kopf kleiner und etwa zwanzig Jahre älter als ich, doch wir verstanden uns trotz des Altersunterschiedes prächtig.

Am nächsten Morgen trafen wir uns zum Fegen der Pirschsteige. Die nächsten Wochen und Monate vergingen wie im Flug: Arbeiten, Jägerlehrgang, Lernen, mit Otto auf Jagd gehen, Revierarbeiten, die Grundstücke in Ordnung halten, aber auch feiern.

Otto und seine Frau Hilde waren sehr fleißige und zuverlässige Menschen. Um sie von einem Plan abzubringen, musste schon einiges geschehen. Das Spieringsche Grundstück war etwa doppelt so groß wie unseres und machte dementsprechend viel Arbeit. Otto suchte deshalb schon länger Käufer für einen Teil der Fläche. Um die Attraktivität zu erhöhen, wurde im Herbst festgelegt, einen Teil des Zaunes zu erneuern. Das Material wurde besorgt und der nächste Samstag als Realisierungstermin festgelegt. Neben Otto und Hilde wollten deren Tochter Astrid, ihr Mann Lothar, übrigens Ottos Edeltreiber, und ich mit anfassen. Am Samstagmorgen schüttete es wie aus Eimern. Dazu kam Sturm der Windstärke neun oder zehn. Ich war mir sicher, dass unser Arbeitseinsatz ausfallen würde. Um meine grundsätzliche Bereitschaft zu dokumentieren, zog ich trotzdem die Arbeitssachen an, um mit dem Auto bei Otto vorbeizuschauen. Meine Frau Karlo meinte, ich solle das bei diesem Wetter lassen und einfach nur anrufen. Ich fuhr trotzdem los, um zu zeigen, was ich für ein harter Hund bin.

Schon auf den wenigen Metern zum Auto wurde ich tüchtig nass. Während ich den ansteigenden Weg zu Ottos Grundstück hinauffuhr, hatten die Scheibenwischer in der höchsten Stufe ordentlich zu tun. Oben angekommen traute ich meinen Augen nicht. Da standen vier Gestalten mit flatternden Regensachen gegen den Sturm gestemmt in der Gischt und demontierten den alten Zaun, hoben Löcher aus und mischten Beton. Mir blieb nichts weiter übrig, als gute Miene zum bösen Spiel zu machen und mich bei diesen Wahnsinnigen einzureihen. Das katastrophale Wetter beschleunigte unsere Arbeitsweise enorm, so dass wir zügig vorankamen. So etwa alle ein bis zwei Stunden befahl Otto eine Pause. Wir Männer stellten uns dann auf die windabgewandte Seite eines Schuppens und tranken ein Bier. Dazu gab es einen Schnaps. Bei dem Regen mussten wir unsere Hand darüber halten, damit der nicht allzu sehr verdünnt wurde. Am Abend waren wir fertig.

Die Pächtergemeinschaft, in welcher Otto jagte, hatte in diesem Jahr einen alten Hirsch frei und nun saßen alle Pächter täglich im Revier und versuchten ihr Glück. Wenn es meine Zeit erlaubte, begleitete ich Otto und hätte viel dafür gegeben, wenn der Hirsch in meiner Gegenwart erlegt worden wäre. Wir saßen meist in einem Revierteil eines Mitpächters, der seinen Hirsch vor einigen Jahren schon erlegt hatte und der einen reifen Hirsch vor wenigen Tagen an dieser Stelle bestätigt hatte.

Für den Samstagmorgen hatte Otto diese Ansitzmöglichkeit an einen anderen Jäger abgegeben, da ich zum Jägerlehrgang wollte und Ottos Sohn Olaf aus Brandenburg sich ab Freitag zu Besuch angemeldet hatte.

Ich stand pünktlich auf, um nach dem Duschen noch gut zu frühstücken und dann zum Lehrgang zu fahren. Als ich unter der Dusche stand, klingelte es und Karlo öffnete. Vor ihr standen Otto und Olaf. Beide strahlten übers ganze Gesicht und Otto spreizte die Arme so weit er konnte und wiederholte immer wieder: „So ein Hirsch, so ein Geweih."

Olaf hatte seinen Vater am Freitagabend gefragt, ob sie nicht am nächsten Morgen beide auf Jagd gehen könnten. Da Otto die Erfolg versprechende Ansitzmöglichkeit nun aber weggegeben hatte, blieb als einzig sinnvolle Alternative nur die Eiche, wobei wir dort noch nie Rotwild gesehen hatten.

Im ersten Morgengrauen sahen die beiden im Mais ein sehr starkes Geweih von den Söllen her langsam auf sich zukommen. Die Spannung steigerte sich ins fast Unerträgliche, da der Hirsch auf dem ca. fünfhundert Meter langen Weg zum Wald seine Richtung nur geringfügig ändern musste, um nicht in der Nähe der Eiche, sondern weiter als hundertfünfzig Meter entfernt an Otto und Olaf vorbeizukommen.

Außerdem war noch gar nicht sicher, dass der Hirsch das richtige Alter, nämlich mindestens zehn Jahre, hatte. Auch jüngere Hirsche tragen starke Geweihe. Zum Ansprechen musste schon der gesamte Wildkörper zu sehen sein. Endlich war der Hirsch heran und wechselte durch eine Pflegespur. Er war richtig und Otto wurde so sehr vom Schussfieber gepackt, dass nach Olafs Aussage fast alle Eicheln von der Eiche gefallen wären. Als der Hirsch eine nur dünn mit Mais bewachsene Stelle des Ackers erreichte, kam Otto zum Schuss und der Recke brach zusammen.

Mit dem Jägerlehrgang wurde es an diesem Tag natürlich nichts. Wir spannten den Hänger hinter unseren Geländewagen und bargen Ottos Lebenshirsch. Schnell sprach sich der Jagderfolg herum und als wir beim Wildhändler ankamen, hatten sich schon einige Jäger zur Begutachtung eingefunden. Der Wildhandel befindet sich nur etwa drei Kilometer von Wrangelsburg entfernt, was äußerst praktisch ist, und wird vom Sohn eines damaligen Mitpächters, welcher inzwischen leider verstorben ist, betrieben.

Werner, so hieß der Mitpächter, wohnte in direkter Nachbarschaft des Wildhandels. Er und Otto waren ein Gespann, das seinesgleichen suchte. Wenn wir alle zusammensaßen und sich die beiden die Pointen zuwarfen, blieb kein Auge trocken. Auf dem Gelände des Wildhandels stand eine kleine alte Gartenlaube aus DDR-Zeiten, welche als Jagdhütte diente. Sie bestand aus nur einem kleinen Raum mit einem Tisch sowie Bänken und Stühlen. An den Wänden hingen ein paar vergilbte Trophäen, Fotos großer Jagdereignisse sowie nützliche Gegenstände wie Flaschenöffner. Auch ein Wimpel mit dem bezeichnenden Satz „Stammtisch für Jäger, Angler und andere Lügner" durfte natürlich nicht fehlen.

Der Geschäftsführer der Hegegemeinschaft, unser Schießlehrer, auch Hirschvater genannt, wurde herbeigerufen, um den Hirsch zu begutachten. Er bestätigte das richtige Alter. Otto fiel der letzte Stein vom Herzen und wir konnten uns zufrieden in die Jagdhütte einschieben. Nach und nach hatte die Kunde den Letzten erreicht und es begann ein ständiges Kommen und Gehen, wobei das Kommen eindeutig überwog. Es wurde ein sehr schöner und unterhaltsamer Vormittag, Nachmittag, Abend und Morgen.

Im Sommer hatten wir des Öfteren mit Otto und Hilde auf unserer Terrasse gegrillt. Nun war es Spätherbst und etwas kühl, so dass wir uns für einen Innenansitz vor dem Kamin entschieden. Mit großer Begeisterung wurde eine hallesche Spezialität, der Speckkuchen, aufgenommen. Von diesem herrlichen Hefegebäck kenne ich zwei grundsätzliche Varianten, die ich Ihnen, den Lesern, nicht vorenthalten will.

Die erste wird relativ dünn mit Speck und Zwiebeln belegt und vor dem Backen auch nur dünn mit Eiermasse begossen. Diesen Speckkuchen gab es in Halle bei bestimmten Bäckern an bestimmten Tagen. Zur Ankündigung hing dann immer eine Fahne über der Tür mit der Aufschrift „Frischer Speckkuchen". Das Stück kostete in meiner Jugendzeit zwanzig Pfennig. Fünf Stück für eine Mark konnte man direkt aus dem Einwickelpapier in den zehn Minuten bis zur nächsten Straßenbahnhaltestelle vertilgen.

Die zweite Variante hatte meine Mutter kreiert. Sie war wesentlich dicker belegt und damit wesentlich gehaltvoller. Außerdem verströmte sie einen verführerischen Duft. Da wir Speckkuchen damals am Wochenende zum Frühstück aßen, nutzte meine Mutter diesen Duft, um mich trotz jugendlicher Müdigkeit aus dem Bett zu holen.

Fünfhundert Gramm Mehl werden in einer Rührschüssel mit etwas Salz und ein wenig Zucker vermischt. In der Mitte wird eine kleine Vertiefung eingearbeitet, in der ein halbes Stück Hefe mit etwas lauwarmem Wasser und Mehl zerdrückt wird. Die Schüssel wird zugedeckt für etwa zwanzig Minuten an einen warmen Ort gestellt. Dann wird weiteres lauwarmes Wasser dazugegeben, insgesamt brauchen wir einen viertel Liter, und alles wird mit dem Knethaken durchgemischt. Erst dann, und das ist sehr wichtig, wird gegebenenfalls etwas Margarine oder Öl zugegeben. Der Teig wird nun geknetet, bis er eine Kugel bildet und sich von der Rührschüssel löst. Danach geht der Teig nochmals etwa eine halbe Stunde, wird nochmals mit der Hand durchgeknetet und auf einem gefetteten Backblech ausgerollt. Etwa fünfhundert Gramm, möglichst selbst geräucherter Speck, werden in Würfel geschnitten und glasig gedünstet. Zwei große, ebenfalls in Würfel geschnittene Zwiebeln werden dazugegeben und ebenfalls gedünstet, bis sie weich sind. Dann noch eine größere Menge Kümmel hinzu und alles durch ein Sieb abgießen. Die Masse wird über den Teig verteilt. Fünf Eier werden, gemeinsam mit etwas Salz und einem Becher saurer Sahne geschlagen, oder wie man in Vorpommern sagt, geklödert, und gleichmäßig über dem Kuchen verteilt. Nun kommt alles für etwa dreißig Minuten in den auf zweihundert Grad vorgeheizten Backofen. Der Speckkuchen wird warm verzehrt.

Otto und Hilde waren totale Sportfans und verpassten kaum eine Sportübertragung. Weitere Fernsehsendungen wurden aber ignoriert, so dass der Fernseher an unseren gemeinsamen Abenden meist abgeschaltet blieb. Wir erzählten sehr viel und eines Tages kam jemand auf die Idee zu singen. Im Bücherschrank wurden die Liederbücher gesucht und nach Jägerliedern durchforstet. Es folgten viele gesellige Abende, an denen immer wieder und stets mit wachsender Begeisterung gesungen wurde.

Es wurde Februar und der Jägerball stand an. Der Hegering war stolz, diese Tradition fortzuführen. Die Veranstaltung begann schon am Morgen mit einer Trophäenschau, am Abend fand dann der Ball statt. Otto und Hilde hatten uns dazu eingeladen. Alle Teilnehmer waren, wie man so schön sagt, jagdlich gewandet, was einen feierlichen Eindruck hinterließ. Das Buffet war gigantisch, da schon Wochen vorher beim Wildhändler das eine oder andere Stück Rot-, Dam- oder Schwarzwild reserviert worden war. Viel Mühe war auch auf das Programm verwendet worden. Traditionell trat die Jagd-hornbläsergruppe Greifswald auf, aber auch jede Pächtergemeinschaft hatte sich etwas einfallen lassen. Quiz und Spiele ließen keine Langeweile aufkommen und auch getanzt wurde natürlich mit großer Begeisterung.

Als Beitrag unserer Pächtergemeinschaft hatten wir uns vorgenommen, den Hegering in die Fischerchöre zu verwandeln. Da wir aus eigener Erfahrung wussten, dass man meist nur die erste Strophe im Gedächtnis hat, hatte ich die Texte der Lieder, welche wir an unseren Kaminabenden intonierten, zu Papier gebracht und fünfzig Mal kopiert. Wenn immer drei Leute gemeinsam ein Textbuch nutzten, sollte das für die etwa hundertfünfzig Teilnehmer reichen.

Als wir an der Reihe waren, verteilten wir die Texte. Otto und ich gingen auf die Bühne. Wir stellten das Mikrofon ein, was bei unserem Größenunterschied nicht einfach war, und begannen mit dem „Jäger aus Kurpfalz". Das Lied kannte jeder und sogar der Text war bei den meisten sicher. Entsprechend satt war der erzeugte Sound. Dieser erste Erfolg führte dazu, dass sich ein dritter Vorsänger zu uns gesellte – der Obmann der Pächtergemeinschaft Karlsburg, einem Nachbarort von Wrangelsburg, und Vorsitzende der Hegegemeinschaft. Mit seiner sonoren und kräftigen Stimme sowie seinem großen Durchsetzungsvermögen war er uns sehr willkommen, zumal wir damit auch alle Karlsburger Stimmen sicher gewonnen hatten. Es folgten: „Im Wald und auf der Heide", „Auf, auf zum fröhlichen Jagen" und „Zwischen Berg und tiefem, tiefem Tal". Inzwischen sangen alle voller Inbrunst mit.

Als letzten Titel hatten wir uns „Es blies ein Jäger wohl in sein Horn" aufgehoben. Dieses Lied war insofern anspruchsvoll, als wir vor dem Kamin im Liederbuch Strophen gefunden hatten, die wir nicht kannten und von denen wir auch noch nichts gehört hatten. So würde es sicher auch unseren hundertfünfzig Chormitgliedern gehen, aber sie hatten ja ein Textbuch. Das Lied wurde als letztes des Programms angesagt und alle sangen kraftvoll bis zur siebten, der letzten allgemein bekannten Strophe mit. Dann wurde der Gesang dünner und auch unser drittes Mitglied auf der Bühne schwächelte, obwohl wir auch ein Textbuch hatten. Bevor wir mit der neunten Strophe beginnen konnten, nahm unser Kollege das Mikrofon und sagte: „Die restlichen Strophen kenne ich nicht, ich höre auf", und verließ die Bühne. Augenblicklich hörte der Saal auf zu singen und Otto und ich quälten uns noch durch die letzten zwei Strophen. Die Show war hin.

Mein Unmut war so groß, dass ich den Saboteur im Vorraum ansprach: „Wissen Sie, das war wohl eben nichts. Wenn Sie nicht richtig und bis zum Ende mitmachen wollten, warum haben Sie denn dann überhaupt erst angefangen?"

„Sind Sie überhaupt schon Jäger?"

„Nein."

Mein Gegenüber ließ mich stehen und ging.

Das saß.

Wir beide haben uns noch jahrelang misstrauisch gemustert. Mit der Zeit lernten wir uns aber näher kennen und die Skepsis ist einer gegenseitigen freundschaftlichen Achtung gewichen.

An diesem Abend hatte ich begriffen, dass ich jetzt unbedingt die Jägerprüfung schaffen wollte, um vollständig dazuzugehören.

Ottos Lebenshirsch

Treibererfahrungen

Ich war zu meiner ersten Drückjagd eingeladen, als Treiber.

Es war die große Drückjagd. Das wusste ich damals aber noch nicht. Einmal im Jahr, meist am Sonnabend des ersten Advents, wird diese revierübergreifende Jagd durchgeführt. An ihr beteiligen sich alle Revierinhaber des Waldkomplexes zwischen Greifswald und Wolgast sowie angrenzende Reviere. Insgesamt werden an diesem Tag gleichzeitig etwa dreitausend Hektar bejagt.

Wir, die Teilnehmer des Jägerlehrganges in Ostvorpommern, sollten als Treiber das Forstamt Jägerhof unterstützen. Meine Vorfreude war groß. Ich hatte noch nie an einer Drückjagd teilgenommen, aber schon einiges darüber gehört und so war ich gespannt auf die Stimmung beim Appell, auf die Jagdhornbläser und auf das Treiben selbst. Meine einzigen Bedenken galten meiner etwas schwächlichen Kondition, aber beim urigen Schüsseltreiben, von dem immer erzählt wurde, würde ich mich ja erholen können.

Treffpunkt war der „Hundestein", der traditionelle Biwakplatz im Revier Jägerhof. Es waren schon einige Jäger und Treiber versammelt und wir Neuen wurden von den in Gruppen herumstehenden und palavernden Jägern begrüßt, als würden wir schon ewig dazugehören. Viele hatten sich lange nicht gesehen, so dass es viel zu erzählen gab. Langsam wurde ich ungeduldig.

Dann ging es los. Es wurde zum Sammeln geblasen. Alle traten an und der Jagdleiter begrüßte die anwesenden Jäger und Jagdhelfer. Nach der obligatorischen Sicherheitsbelehrung wurden der Ablauf der Jagd und die Freigabe bekanntgegeben. Dann wurden die Jäger ihren Anstellschützen zugeordnet und die Treiberwehren zusammengestellt. Nach dem „Auf, auf zur Jagd" der Jagdhornbläser trennte sich der Tross. Auch unsere Gruppe begab sich unter der Führung eines erfahrenen Treibers zum festgelegten Ausgangspunkt.

Es folgte eine recht lange Wartezeit. Das Anstellen der Schützen, inklusive der Einweisung auf dem Stand, dauerte naturgemäß länger als unser kurzer Marsch zum festgelegten Startplatz. Es wurde etwas geplaudert. Fünf Minuten vor dem Anblasen verteilten wir uns in einer Treiberkette und pünktlich um zehn liefen wir laut krakeelend los zur nächsten Schneise. Dort bekamen wir vom Chef unserer Treiberwehr erst mal eine Abreibung. Er erklärte uns, dass man sich als Treiber relativ leise, aber doch hörbar bewegen sollte, um das Wild rechtzeitig und sachte anzurühren. Dadurch käme es den Schützen so vertraut, dass ein richtiges Ansprechen und ein sicherer Schuss möglich wären. Wir sollten uns höchstens räuspern und an die Bäume klopfen.

Das leuchtete ein.

Und weiter ging es.

Wir hatten den Anspruch, alles Wild in unserem Verantwortungsbereich auf die Läufe zu bringen. Gnadenlos nahmen wir jedes Wasserloch und jede bürstendichte Schonung. Bald waren wir völlig durchgeschwitzt.

Anerkennend stellte ich fest, dass dieser Leistungssport den erfahrenen Treibern weit weniger ausmachte als mir. Erst viel später in meiner Treiberkarriere erkannte ich, dass der Grund hierfür nicht im besseren Trainingszustand, sondern einzig und allein in der geschickten Wahl der Marschroute im Gelände lag. Wir gingen hin, wo es weh tat. Die Edeltreiber dagegen nutzten häufig Waldwege, Schneisen oder Wildwechsel.

Aber, wie gesagt, wir waren vom Ehrgeiz zerfressen.

Das Treiben war von zehn bis dreizehn Uhr geplant. Drei Stunden lang keulten wir durch unwegsamstes Gelände. Der Schweiß lief uns übers Gesicht. Wir bekamen langsam Durst und keiner hatte an Getränke gedacht.

Es knallte überall um uns herum. In der Ferne, aber auch ganz dicht. Hoffentlich sahen die Schützen wenigstens unsere Warnwesten, zu hören waren wir ja kaum.

Als Treiber sieht man mehr als die Schützen. Diese alte Weisheit bestätigte sich auch an diesem Tage. Wir sahen Dam- und Rehwild, vor der Treiberwehr stand eine Rotte Sauen auf und neben mir polterten in einer Kieferndickung drei junge Rothirsche los. Ich hatte sie vorher nicht bemerkt, da sie sich lange gedrückt hielten. Dann verloren sie die Nerven und sprangen ab. Es war ein imposantes Bild und großes Erlebnis, wie die drei mit Kopf und Geweih im Nacken, also faktisch ohne Sicht, losbrachen.

Als die drei Stunden vorüber waren, fühlten wir uns wie zerschlagen und hatten großen Durst. Einer der Kameraden hatte eine kleine Dose Zitronenlimonade mit, die wir uns zu viert teilten. Dann ging es zum Streckenplatz. Dort trafen auch die anderen Treiberwehren und die ersten Schützengruppen ein. Da noch einige Nachsuchen durchgeführt werden mussten, verzögerte sich das Legen der Strecke erheblich. Deshalb wurde das Schüsseltreiben vorgezogen. Alle teilnehmenden Schützen, welche übrigens ein hohes Standgeld bezahlt hatten, und alle fleißigen und durchgeschwitzten Jagdhelfer konnten sich Getränke und Suppe – kaufen!

Das verstand ich nun überhaupt nicht. Ich hatte gehört, dass eine Drückjagd eine Gesellschaftsjagd ist, zu der die jeweiligen Ausübungsberechtigten ihre Gäste einluden und alles daransetzten, dass jeder einen schönen Jagdtag hat. Und auch die Jagdhelfer würden mit Speis und Trank motiviert werden, zur nächsten Jagd wiederzukommen.

Und dann das hier.

Die Suppe nannte sich übrigens Soljanka, bestand aus Würfelbrühe mit Ketchup, gebratener Jagdwurst und Dosenchampions dritter Wahl. Sie kostete fünf Mark. Wer noch einen Teller haben wollte, musste nochmals fünf Mark hinlegen. Ich verzichtete auf diesen kulinarischen Genuss.

Endlich wurde die Strecke gelegt. Sie war wie jedes Jahr bei dieser Jagd erheblich. Die einzelnen Wildarten wurden verblasen. Die erfolgreichen Schützen erhielten ihre Brüche. Der Jagdleiter fasste den Jagdtag noch einmal zusammen und bedankte sich für die Disziplin der Schützen und den Fleiß der Jagdhelfer. „Jagd vorbei" und „Halali" beendeten die Jagd.

Ich fuhr los. In Wrangelsburg lief mir Otto über den Weg. Er kam mit voller Jagdmontur aus dem Wald.

„Na, wo kommst du denn her?"

„Ich war bei der Drückjagd beim Landesforst in Hanshagen. Und du?"

„Ich war in Jägerhof als Treiber. Und Otto, hast du was erlegt?"

„Nö, das kannst du vergessen. Da bezahlst du fünfzig Mark und dann stellen die dich irgendwo hin, wo nichts los ist. Etwa dreißig Meter von mir standen vier Autos. Ich war also so etwas wie ein Parkplatzwächter. Und du, hast du wenigstens was gesehen?"

Ich berichtete von den Sauen und den Hirschen.

Plötzlich zog sich ein breites Grinsen über Ottos Gesicht. Er fing glucksend an zu lachen. „Ich habe zwar eben noch hoch und heilig versprochen, es niemandem zu sagen, aber ich halte das nicht aus. Also du kennst doch Harry. Der ist doch immer so vergesslich. Den hatte man heute auch eingeladen."

„Eingeladen ist gut, der musste doch bestimmt auch einen Fuffi löhnen."

„Ja, ja, nun warte mal was kommt. Er hat mir erzählt, dass er, als er schon in voller Jagdausrüstung zu Hause in der Tür stand, merkte, dass er noch mal auf die Schüssel muss. Also rein in die Toilette und wieder alles auspellen. Dann wieder alles anziehen und los. Als er nun angestellt wurde und seine Waffe laden wollte, merkte er, dass er seinen Patronengürtel auf dem Klo hatte hängen lassen. Nun stand er da, bis an die Zähne bewaffnet und keine blauen Bohnen mit."

„Hat er sich denn nichts borgen können?"

„Nein, er war doch schon alleine auf dem Stand."

„Und hatte er wenigstens Anlauf?"

„Natürlich, wie verrückt. Er sagte die Sauen kamen mal links, mal rechts und so immer weiter. Dann seien die Treiber aufgetaucht und hätten ihn gefragt, ob er die Schweine nicht gesehen hätte. Er hat dann so getan, als hätte er nichts bemerkt, obwohl die Fährten fünfzehn Meter vor ihm über den Weg gingen. Sag ihm bloß nicht, dass ich dir das erzählt habe.

Übrigens, du weißt ja, dass wir nächsten Sonnabend unsere Drückjagd machen. Am besten du kommst um acht zu mir. Wir fahren dann gemeinsam mit dem Trabi."

Am Samstagmorgen machte ich mich auf den Weg. Ich hatte leichtere Sachen angezogen, um nicht wieder so zu schwitzen. In einem Beutel hatte ich zwei Wasserflaschen. Otto stand bereit. Seine Ausrüstung war schon im Trabant verstaut. „Was ist denn da drin?", fragte Otto und zeigte auf meine Tasche. „Zwei Flaschen Wasser, ich hatte letzte Woche so großen Durst." Mein Lehrprinz schaute mich entgeistert an. „Na du musst es ja wissen." Auch meine Getränke wurden verstaut und los ging es zum Sammelplatz.

Eigentlich wollten sich alle erst um neun treffen. Aber Otto war Obmann der einladenden Pächtergemeinschaft. Somit verstand es sich für ihn von selbst, dass er als Erster da war.

Außerdem galt für ihn die Regel: Umso eher du da bist, umso weniger musst du selbst begrüßen.

Langsam füllte sich der Sammelplatz. Ich stand neben Otto und wurde dem einen oder anderen vorgestellt.

Alle Jäger waren tatsächlich eingeladen, das heißt, keiner hatte Standgeld oder Ähnliches bezahlen müssen. Jeder Pächter hatte die Möglichkeit zwei Freunde einzuladen. Mit dem Nachbarrevier Karlsburg wurde immer ein festes Kontingent vereinbart. Das heißt sechs Jäger aus Karlsburg kamen zur Drückjagd nach Wrangelsburg und sechs aus Wrangelsburg nahmen an der Drückjagd in Karlsburg teil. Beide Jagden wurden immer am selben Wochenende durchgeführt. Eine am Sonnabend und eine am Sonntag.

Pünktlich um neun wurde angetreten. Nach obligatorischer Belehrung, Ablaufbeschreibung und Freigabemitteilung wurden die Jäger den Anstellschützen zugeordnet. Das erfolgte per Los.

Das Treiben sollte durch zwei Wehren realisiert werden. Ich wusste noch nicht, zu welcher ich gehören sollte, und stand unschlüssig herum. Da packte mich eine Hand von hinten.

„Du kommst zu uns!" Das war Helmut, der Schwiegersohn von Werner. Lothar gehörte auch zu unserer Wehr. Otto hatte alles mit langer Hand vorbereitet.

Die Schützen und die zweite Treiberwehr rückten langsam ab. Wir sollten bis zum Beginn des Treibens am Treffpunkt warten und unsere Aufgabe von dort aus beginnen. Meine Treiberkollegen beobachteten, wie sich der Platz leerte und als das letzte Rücklicht verschwunden war, meinte Helmut: „So, die sind weg. Lasst uns schon mal zum gemütlichen Teil übergehen." Er öffnete den Kofferraum von Werners Trabi und holte für jeden ein Bier heraus. Wir stießen an.

„Schaut mal, was ich hier noch habe", sagte Lothar, griff in seine Jackentasche und gab jedem einen Kümmerling.

Jetzt begriff ich Ottos entgeisterten Blick am Morgen. „Mensch Leute, das habe ich nicht gewusst. Ich habe ja auch was zu trinken mit – aber nur Wasser."

„Wozu denn Wasser, hast du dich heute Morgen nicht gewaschen? Hihi!"

„Tja wenn ich gewusst hätte …"

„Ach mach dir mal keinen Kopf, wir haben genug mit. Deine Zeit zur Revanche kommt schon noch."

Dann ging es los.

Ich lief zwischen Lothar und Helmut, damit ich nicht verloren ging. Im ersten Treiben hatten wir die Aufgabe ein Waldstück durchzudrücken, welches nahe an Wrangelsburg liegt. Als Erstes liefen wir in Richtung Dorf und machten dabei einige Rehe hoch. Als wir nach einer Dreiviertelstunde aus dem Wald traten, wurde erst einmal die Vollständigkeit überprüft. Dann gab es das zweite Frühstück: ein Bier, ein Kümmerling und leckere Leberwurststullen. Und weiter ging es. Wir liefen, um etwa fünfhundert Meter zur alten Route versetzt, zurück zum Treffpunkt. Diesmal brachten wir Damwild auf die Läufe. Ich hörte einige Schüsse, allerdings weit weniger als am vorherigen Wochenende. Die bejagte Fläche war aber auch bedeutend kleiner.

Kurz nachdem wir wieder am Treffpunkt angelangt waren, trafen nach und nach die Schützen und die restlichen Treiber ein. Als alle da waren, teilte sich der Tross. War im ersten Treiben der östlich der B109 gelegene Teil des Reviers bejagt worden, so ging es jetzt in zwei kleinere Abschnitte westlich der Bundesstraße. Damit waren wir nach einer weiteren Stunde fertig und alle sammelten sich nun am festgelegten Streckenplatz – der Jagdhütte.

Hier knisterte schon ein Feuer, der Streckenplatz war ordnungsgemäß vorbereitet. Die ersten Stücke wurden herangefahren. Ich kann mich nicht mehr erinnern, was an diesem Tage zur Strecke kam.

Aber bei den Wrangelsburger Drückjagden, an denen ich teilnahm, ist immer etwas gefallen. Nichts ist schlimmer als eine Drückjagd ohne Strecke. Die Pächter waren jedes Mal ganz aufgeregt, bis die erste Erfolgsmeldung eintraf und stets war die Freude am größten, wenn ein Gast etwas geschossen hatte.

Bläser sind im Allgemeinen rar. Jeder, der den Jagdschein macht, hält irgendwann einmal ein Jagdhorn in der Hand und versucht diesem einen Ton zu entlocken. Meist kommt dabei nichts Nennenswertes heraus. Bei den Wrangelsburger Jägern war das nicht viel anders. Jedoch hatten sie nach der Wende Kontakt mit Jägern im

Raum Osnabrück aufgenommen, bei denen das jagdliche Brauchtum noch hoch im Kurs stand. Es waren nette Kerle, aber das Wichtigste war, dass sie blasen konnten. Wir hatten also eine Bläsercombo aus dem Westen, die auch gleich zum Sammeln blies. Otto stand vor der Truppe und bedankte sich im Namen der Pächter bei den Teilnehmern. Dann wurde das Wild verblasen und die Schützen geehrt. Es folgte „Jagd vorbei", „Halali" und „zum Essen". Alle begaben sich zum Partyservice, welcher seine Töpfe und Teller am Rand des Geschehens aufgebaut hatte. Auch hier gab es Suppe, nämlich Erbsensuppe – mit zwei Würstchen! Darauf legten die Pächter jedes Jahr bei der Verhandlung mit dem Partyservice großen Wert. Bezahlen musste keiner der Gäste und Jagdhelfer. Alle ließen es sich schmecken und saßen noch bis zum späten Nachmittag zusammen. Genau so hatte ich mir eine Treibjagd immer vorgestellt und so wurde mein in der Zwischenzeit etwas angekratztes Bild der Jägerei wieder ins rechte Licht gerückt und ich freute mich schon auf den Tag, an dem ich endlich selbst als Jäger mit dabei sein würde.

Prüfungsleiden

Vor etwa dreißig Jahren arbeitete ich als Leitmonteur in Mosyr. Es war Winter und die kleine Stadt in Weißrussland wirkte sehr trist. Man hatte uns deutsche Monteure in Neubauwohnungen untergebracht, in denen je ein russischer Farbfernseher der Marke „Raduga" stand, bei dem das Bunteste allerdings das Gehäuse war. Wir hofften jeden Abend auf die Übertragung irgendwelcher Eishockeyspiele, denn andere Sendungen verstanden wir nicht. Da auch sonst nichts los war, wurden wir zur kulturellen Zerstreuung von unseren russischen Kollegen in das nagelneue Sportzentrum eingeladen. Das Zentrum war komplett fertig, konnte aber trotzdem nicht offiziell genutzt werden. Aus Energiespargründen hatte man das Schwimmbecken mit Kondensat aus dem

Die Jägerschule Seibt (im linken Flügel des Gebäudes)
in Münchweiler-Wardern

nahen Kraftwerk gefüllt. Um die braune Brühe sauber zu bekommen, war die Filteranlage angeworfen worden, die sofort verstopfte, und neue Filtereinsätze waren nicht zu beschaffen.

Wir begannen mit Volleyball. Der erste Satz wurde zwar verloren, verlief aber noch ausgeglichen. Im nächsten Satz zeigten uns unsere Gastgeber, dass in jedem Russen ein verkappter Nationalspieler steckt und wir verloren zu null. Drei Stunden lang spielten wir mit vollem Einsatz, bis die Sauna ordentlich angeheizt war. Nach dem Saunagang durften wir zur Abkühlung in die braune Brühe springen und dann begann schließlich der gemütliche Teil des Abends. Unsere Gastgeber hatten trotz des damals recht knappen Lebensmittelangebotes keine Mühen gescheut und ein Buffet mit Brot, Ölsardinen und gebratener Schweineleber vorbereitet. Gut, dass wir nach dem Sportnachmittag einen animalischen Hunger hatten! Vor dem Essen sollte aber erst einmal noch angestoßen werden. Wir beobachteten interessiert die Vorbereitungen. Große Kaffeetassen, sogenannte Kameradenbetrüger, wurden etwa bis zur Hälfte mit Tomatensaft gefüllt, dann wurde über einen Löffel – damit sich die Flüssigkeiten nicht vermischten – neunundneunzigprozentiger Sprit bis zum Tassenrand aufgefüllt. Wir nahmen jeder vorsichtig unsere Tasse und lauschten der umfangreichen Rede des technischen Direktors. Da wir nicht viel verstanden, hatten wir Zeit unser Getränk näher anzuschauen.

Uns gruselte!

Dann erscholl das bekannte „Nastrovje".

Wir beobachteten unsere Gastgeber und als die tatsächlich zu trinken anfingen, setzten wir auch an. Wie Feuer ätzte der Sprit die Schleimhäute der Kehle. Wir begriffen alle gleichzeitig, dass man trotzdem nicht absetzen durfte. Vielmehr musste das Teufelszeug schnell getrunken werden, um so rasch wie möglich an den Tomatensaft zu kommen. Alle gurgelten also mit schmerzverzerrtem Gesicht den Sprit hinunter, um anschließend voller Wonne das Nachlassen des Schmerzes zu genießen. Der eine „Drink" reichte völlig aus. Keiner wollte einen zweiten. Ich konnte erleben, welchen Weg der Alkohol im Körper nahm. Erst in der Speiseröhre, dann im Magen und letztlich über den Blutkreislauf ins Hirn.

Worauf ich mit dieser Geschichte eigentlich hinaus will: Es gibt Situationen im Leben, da braucht man starke Getränke.

Fast ein Jahr war seit Beginn des Jägerlehrganges vorübergegangen und wir bereiteten uns verstärkt auf die Prüfung vor. Die Termine standen schon fest. Begonnen wurde mit der Schießprüfung auf dem Schießplatz in Slate, einem kleinen Ort in Mecklenburg in der Nähe von Parchim. Es sollte die schriftliche und mündliche Prüfung in Anklam folgen.

Zu Beginn des Lehrgangs war ich mir noch gar nicht so sicher, ob ich wirklich Jäger werden wollte und war mehr am vermittelten Wissen interessiert. Jetzt, nachdem ich Otto kennengelernt hatte, wollte ich die Prüfung unbedingt bestehen. Um die Übungsvoraussetzungen zu verbessern, kaufte ich mir eine kleine Büchse im Prüfungskaliber .222 Rem und eine Querflinte, so dass ich immer mit meinen eigenen Waffen üben konnte und bald waren meine Schießergebnisse auch schon sehr Erfolg versprechend. Jeden Abend arbeitete ich zusätzlich mittels der Lehrbücher noch einmal einige der theoretischen Schwerpunkte auf, welche noch nicht so sicher abrufbereit waren. Auch auf diesem Gebiet wurde ich immer zuversichtlicher. Kurz vor der Schießprüfung fuhren wir alle nach Slate, um am Ort der Prüfung unsere Schießleistung zu testen. Alles ging glatt.

Die Spannung stieg.

Am 24.5.1997 fand die Schießprüfung statt. Wir waren zu viert als Fahrgemeinschaft mit meinem Wagen schon am Vortag angereist und hatten uns Zimmer genommen, um am Prüfungstag ausgeruht zu erscheinen. Neben unserer Gruppe waren noch Prüflinge anwesend, welche wir nicht kannten. Sie hatten sich in privaten Jagdschulen vorbereitet oder mussten die Prüfung wiederholen.

Dazu sind folgende Regeln zu erklären: Die Jägerprüfung fand damals nur einmal im Jahr statt. Alle drei Prüfungsteile mussten in einem Jahr bestanden werden. Erfolgreiche Prüfungsteile durften nicht ins nächste Jahr mitgenommen werden, wenn man bei einem anderen Teil durchgefallen war. Wurde also eine Teilprüfung nicht bestanden, war für den Prüfling erst einmal Schluss und die gesamte Prüfung musste im nächsten Jahr wiederholt werden. Bei der Schießprüfung hatte man je Disziplin zwei Versuche. Aber jede Disziplin musste bestanden werden. Einer der anwesenden Prüfungswiederholer nahm zum dritten Mal an der Jägerprüfung teil. Er wurde von seinem aufgeregten Bruder begleitet, der eine schreckliche Hektik verbreitete und bereits viele Jahre Jäger war. Beide kamen mir bekannt vor, aber ich hatte mit mir genug zu tun und verzichtete auf entsprechende Nachfragen. Später sah ich die beiden beim Wildhändler wieder. Steffen und Carsten wohnten in Karlsburg. Ihr Vater Alfred war ein Urgestein der örtlichen Jagd, was es dem armen Carsten mit seinen vielen Fehlversuchen nicht einfacher machte.

Die Prüflinge bildeten mehrere Gruppen, um die ersten Disziplinen zu schießen. Meine Gruppe begann mit dem stehenden Bock auf hundert Meter. Um bei dieser Übung ein gutes Ergebnis zu erreichen, muss man nicht nur gut schießen können, man muss auch wissen, wo der Rehbock zu treffen ist, denn die Ringe sind auf die Entfernung nicht zu sehen. Ich erreichte die Vorgabe mit Bravour. Als Nächstes hatte unsere Gruppe gegen den laufenden Hasen anzutreten. Beschossen wurde der Hase auf fünfunddreißig Meter. Als ich an der Reihe war, klappte alles wie am Schnürchen. Jeder Schuss ein Treffer, bis die Norm erfüllt war. Nachdem alle Gruppen den Hasen beschossen hatten, wurde die Anlage umgebaut und der laufende Keiler auf den Transportkarren gespannt. Der Keiler ist eigentlich von der Größe her ein Überläufer und wird auf fünfzig Meter beschossen. Auch bei ihm sind, ähnlich wie beim Bock, keine Ringe zu erkennen. Von fünf Schuss müssen drei im „Leben", d. h. im Bereich des Blattes ankommen.

Endlich war der Umbau abgeschlossen und wir begannen. Bei dieser Übung bereitet sich der Schütze vor, konzentriert sich und ruft den Keiler ab. Dieser fährt dann innerhalb von etwa drei Sekunden von rechts nach links über die ca. fünfzehn Meter breite Bahn und muss in dieser Zeit erfolgreich beschossen werden.

Mein Versuch verlief wie im Training. Ich konzentrierte mich, rief ab, konnte das Ziel rasch erfassen und kam rechtzeitig zu Schuss. Das ging ja glatt. Nun warten auf die Auswertung.

Nicht bestanden, wiederholen!

Ich erschrak fürchterlich. Was hatte ich falsch gemacht? Es war doch alles wie im Training, und da hatte ich immer erfüllt. Der Wertungsrichter teilte mir das Trefferbild mit. Danach waren zwei Schüsse im „Leben", und die anderen drei zwischen einem und drei Zentimeter zu weit hinten. Ich wollte sofort meinen zweiten Versuch, aber alle hielten mich davon ab und forderten mich auf, mich erst mal zu beruhigen.

Ich ging in den nahe gelegenen Wald. Beruhigen, wie sollte das gehen? Meine Aufregung wurde immer größer. Ich merkte, wie ich zu zittern anfing. Es wurde immer schlimmer.

Als ich mich nach etwa einer Stunde meinem zweiten und letzten Versuch stellte, war ich ein nervliches Wrack und nicht mehr in der Lage mich ausreichend zu konzentrieren. Ich vergab wieder und konnte somit meine Jägerprüfung für dieses Jahr vergessen.

Sehr unangenehm war die Heimfahrt. Meine drei Mitstreiter hatten die Prüfung bestanden und berichteten sich gegenseitig von ihren Schwierigkeiten und Erfolgen. Ich gönnte ihnen ihren Erfolg. Aber ich gehörte nicht mehr dazu.

Besonders traurig war es, meinen Misserfolg meiner Frau sowie Otto und Hilde zu beichten. Vor allem Otto hatte sich schon sehr auf gemeinsame Jagdtage gefreut.

Der Ärger über das Versagen saß tief und fraß noch Wochen an meinem Selbstbewusstsein. So richtig hatte ich auch keine Lust mehr mit Otto auf die Jagd zu gehen, da das Gespräch meist sehr schnell auf die vergeigte Prüfung kam. Otto merkte das und befahl einen Grillabend. An diesem Abend wurde viel und ausgiebig gejammert. Zum Schluss waren wir aber alle der Meinung, dass ein Jahr schnell vergeht. Die Zeit bis zur nächsten Prüfung sollte mit Lernen und Üben ausgefüllt werden. Außerdem fehlte mir ja sowieso noch jede Menge Praxis.

Also frisch ans Werk. Um das theoretische Wissen zu erhalten, arbeitete ich fortan abends immer wieder die verschiedenen Lehrbücher durch. Der Übungsschwerpunkt lag aber natürlich beim Schießen.

Ich hatte erfahren, dass die nächste Schießprüfung auf den Schießplätzen in Grimmen oder Lüssow bei Stralsund stattfinden würde. Immer wenn ich dienstlich in diese Richtung musste, packte ich die Waffen, eine alte Hose und einen Pullover ein. Erlaubte es die Zeit, rief ich auf dem jeweiligen Schießplatz an und fragte, ob ich üben kommen könnte. Da ich auf beiden Plätzen bald bekannt war wie ein bunter Hund, konnte ich fast immer gleich aktiv werden. Die Schießeinlage dauerte nur zwanzig Minuten. Das ging als Mittagspause durch. Bald erfuhr ich, dass als Prüfungsort Lüssow festgelegt worden war und ich trainierte nur noch dort. Wenn ich zum Üben erschien, verdrehte der Platzwart regelmäßig die Augen und fragte mich, was ich denn schon wieder hier wolle. So wie ich schießen würde, hätte ich die Prüfung doch schon fast in der Tasche. Ich wollte aber absolute Sicherheit.

Dann kam der Tag der Prüfung.

Meine Frau war als seelischer Beistand mit von der Partie. Auch einer meiner Mitarbeiter, der an den Landesmeisterschaften im polizeilichen Schießen teilnahm, war anwesend und mein Freund, der adelige Nervenarzt, hatte mir kleine geheimnisvolle Pillen gegeben, die meine Aufregung im Bedarfsfall reduzieren sollten.

Unsere jagdliche Prüfung begann wieder mit dem stehenden Bock. Mein Ergebnis war den vielen Übungsstunden angemessen gut. Es folgte der laufende Hase – jeder Schuss ein Treffer. Nun wurde wieder umgebaut.

Der Schießplatz lag mitten auf dem Feld. Man erreichte in über einen mit Pfützen übersäten Feldweg. Der Platz hatte schon bessere Tage gesehen. Das Team, welches ihn bewirtschaftete, war erst seit wenigen Monaten am Ruder. Es gab große Pläne. Die Schießbahnen sollten modernisiert, die Wege befestigt und eine Gaststätte eingerichtet werden. Dazu brauchte man Geld.

Die Jägerprüfung war eine gute Gelegenheit, solches zu verdienen. Kaffee und Erfrischungsgetränke wurden verkauft und Würstchen gegrillt. Aus Umsatzgründen konnte deshalb aus der Sicht der Platzmannschaft die Umbaupause nicht lange genug dauern.

Mich machte das lange Warten schon wieder verrückt. Meine Frau ging mit mir auf dem Gelände spazieren und versuchte mich zu beruhigen. Ich warf die erste Pille ein. Es half nichts.

Mein Mitarbeiter erschien. „Ich führe und dabei habe ich die einfachste Pistole. Sie sollten mal sehen, was die mit ihren High-Tech-Waffen für Augen machen." So richtig konnte ich an seiner Freude nicht teilhaben.

Wieder führte mich meine Frau über das Gelände. Ich warf die nächste Pille ein. Auch sie half nichts. Plötzlich hörte ich ein Motorengeräusch. Hier in der hinterletzten Ecke von Vorpommern, mitten auf dem Acker fuhr eine Golden Wing. Es gab einen Gott und der wollte mir sagen: „Lass es sein. Kauf dir ein Motorrad!"

Vom Platzwart erhielt ich den Hinweis, dass es gleich losgehen würde. Ich begab mich zum Schießstand. Dort wartete schon ein mir bekannter Förster, welcher als Richter fungierte.

„Geht es hier nach Alphabet oder geht es darum, wer zuerst kommt?"

„Sie können gleich hierbleiben, dann sind Sie als Erster dran."

„Das ist ja schön." Ich stellte meine Waffe in den Waffenständer.

„Was ist denn das für ein Kaliber?"

„Das ist .222 Rem."

„Aber damit dürfen Sie doch nicht auf Schweine schießen."

„Ich weiß, auf der Jagd muss ich mindestens ein Kaliber 6,5 benutzen, aber das hier ist doch nur die Schießprüfung."

„Nur die Schießprüfung? Hier muss alles so sein wie in der Praxis, ansonsten könnten wir ja gleich mit dem Luftgewehr schießen."

„Aber schauen Sie doch mal, die Waffen des Jägerlehrgangs haben doch das gleiche Kaliber."

„Dann sind die auch falsch."

„Das gibt es doch nicht."

„Na gut, ich gehe den Kreisjägermeister fragen."

Der Richter verließ den Schießstand. Ich blieb aufgeregt zurück.

Jetzt war das Schießplatzteam mit dem Umbau fertig und kam auf der Schießbahn zum Stand gelaufen. „Nanu, so alleine, wo ist denn der Richter?"

„Der ist zum Kreisjägermeister."

„Warum denn?"

„Er meint, dass man auf den laufenden Keiler nicht mit .222 Rem schießen darf."

„Ja aber doch bei der Prüfung."

„Das habe ich ihm auch gesagt." Ich wiederholte den Dialog.

Die Tür ging auf. Der Richter erschien.

„Und?"

„Der Kreisjägermeister hat für die heutige Prüfung noch einmal das Kaliber .222 Rem gestattet. Zukünftig wird aber nur noch mit Hochwildkaliber geschossen."

„Na gut, dann kann es ja losgehen."

Ich nahm meine Waffe aus dem Ständer und ging zur Schützenposition.

„Wir schießen nach dem Alphabet, Herr Abraham beginnt, verlassen Sie bitte den Stand."

Ich stellte die Waffe wieder in den Ständer und ging.

Machen wir es kurz. Als ich an der Reihe war, zitterten meine Hände. Ich konnte mich nicht konzentrieren und hatte wieder zwei Fehlversuche.

Wieder durchgefallen.

Meine Frau war sehr traurig, hatte aber zumindest Verständnis, da sie meinen Zustand und das ganze Drumherum erlebt hatte. Otto und Hilde hingegen waren sehr enttäuscht.

Aufgeben kam trotzdem nicht infrage. Aber wie sollte es weitergehen? Ich hatte den laufenden Keiler etwa zweihundert Mal geschossen und dabei nur vier Fehlversuche aufzuweisen. Zwei bei der ersten Prüfung und zwei bei der zweiten. Und jetzt wieder ein Jahr warten und üben, um dann wieder mit zitternden Händen zu versagen? Außerdem vertraute ich meinem theoretischen Wissen auch nicht mehr. Der Lehrgang war ein Jahr her und ich hatte seither nur Bücher studiert.

Eine andere Lösung musste her.

Aus diversen Jägerzeitschriften wusste ich von der Jägerschule Seibt im Saarland. Hier wurden Kompaktkurse für Prüfungswiederholer angeboten. Drei Wochen! Da wäre der Urlaub hin. Aber für den hätten wir sowieso kein Geld gehabt, da der Kurs sehr teuer war.

Viel wichtiger war, was sagt die Prüfungsordnung im Saarland zur Schießprüfung aus: Laufender Hase – das ist gut; stehender Bock – den kennen wir. Und was noch? Schießen auf eine Scheibe, Entfernung einhundert Meter, liegend, mit einem hochwildtauglichen Kaliber. Na besser ging es wohl nicht. Kein laufender Keiler!

Also angemeldet, Vertragsunterlagen bekommen und unterschrieben zurückgeschickt sowie eine größere Summe überwiesen. Wenige Tage später erhielt ich einen dicken Umschlag mit jeweils dreihundert bis fünfhundert Fragen zu den Komplexen Jagdrecht, Naturschutz, Waffenkunde, Jagdbetrieb und Wildtierkunde. Es handelte sich hierbei um Fragen, welche bei vergangenen Prüfungen gestellt wurden, so dass man beim Durcharbeiten Wissen erlangen, aber auch die Prüfungsmethodik kennenlernen konnte. Die Lösungen wurden mitgeliefert.

Jagdrecht war mit fünfhundert Fragen am umfangreichsten und bekannterweise schwere Kost, so dass ich mich entschloss, dieses Fachgebiet am besten gleich durchzuarbeiten, um es hinter mir zu haben. Als ich nach drei Wochen damit fertig war, erhielt ich wieder einen Umschlag. In dem Begleitschreiben stand, dass sich das Jagdrecht im Saarland geändert hätte und ich bitte die alten Fragen vernichten und nur mit den beiliegenden neuen Fragen lernen sollte. Na prima!

Zum damaligen Zeitpunkt wurde nur die Jägerprüfung des Saarlandes von den anderen Bundesländern bei der Ausgabe eines Jagdscheines anerkannt. Das führte dazu, dass sich dort die ersten kommerziellen Jagdschulen ansiedelten, welche ihre Kundschaft in ganz Deutschland suchten. Es gab noch eine Besonderheit: In allen anderen Bundesländern war festgelegt, dass die Prüfungen von den Unteren Jagdbehörden abzunehmen sind. Im Saarland prüfte „Die Vereinigung der Jäger des Saarlandes",

d. h. der Landesjagdverband. Es wurde immer wieder behauptet, dass der saarländische Landesjagdverband es den privaten Jagdschulen leicht machen würde, um es diesen zu ermöglichen werbewirksame Erfolgsquoten zu erreichen. Um dieser Behauptung entgegenzuwirken, wurde ein sehr hohes Wissensniveau abgefordert. Das merkte ich an den zugeschickten Fragen. Etwa die Hälfte konnte ich beantworten. Bei weiteren fünfundzwanzig Prozent leuchtete mir die nachgeschaute Antwort ein, aber der Rest war zu pauken. Um besser auswendig lernen zu können, kaufte ich mir einen Kassettenrecorder und nahm Fragen und Antworten auf. Diese Kassetten spielte ich ständig beim Autofahren ab.

Am 11.11.1998 begann der Lehrgang in der Jägerschule Seibt in Münchweiler-Wardern. Unser Kurs bestand aus vierzehn Teilnehmern. Jeder war schon mal durch die Jägerprüfung gefallen – ich führte mit zwei Fehlversuchen – und alle hatten schon einen Jägerlehrgang besucht. Das Konzept des Kurses war deshalb die Auffrischung und Verfestigung des Wissens sowie das Training für die Prüfung. Aus diesem Grund hielt man es für möglich, uns bis zum 26.11.1998 auf die Prüfung vorzubereiten, welche dann vom 27. bis 29.11.1998 stattfinden sollte. Parallel liefen noch weitere Lehrgänge, teilweise mit demselben Prüfungstermin. Wir saßen uns in unserem Seminarraum an einem großen ovalen Tisch gegenüber. Unser Seminargruppenleiter saß am Kopf des Tisches und stellte ununterbrochen Fragen, welche wir reihum beantworten mussten. Jeder überprüfte für sich, ob er auch die seinem Lehrgangskameraden gestellte Frage hätte richtig beantworten können. Solange man bei diesem Permanentquiz eine vernünftige Quote richtiger Antworten hatte, machte diese Art des Lernens Spaß. Aber wehe man hatte schon drei oder mehr Runden keine richtige Antwort gegeben. Dann stieg die Nervosität und Unsicherheit. Am ersten Tag erfolgte auch noch eine schriftliche Testprüfung. Es wurden Fragen gestellt, die wir noch nicht kannten oder die im Verhältnis zu unseren Vorbereitungsfragen zumindest stark abgewandelt waren. Mein Training in Vorbereitung des Lehrgangs zahlte sich trotzdem aus. Ich war schnell fertig und hatte nur wenig Fehler.

Der erste Tag war vorbei. In meiner Pension Forellenhof wohnten noch sechs weitere Jagdschüler, fünf davon aus meinem Kurs. Nachdem wir uns frisch gemacht hatten, trafen wir uns im Gastraum zum ausgezeichneten Abendessen und anschließenden Dämmerschoppen, bei dem erst einmal Wunden lecken angesagt war. Jeder erzählte von seinen Misserfolgen, die sich gar nicht so sehr voneinander unterschieden. Mit Thomas, einem jungen selbstständigen Karosseriebaumeister, verband mich bald eine Freundschaft. Die nächsten Tage vergingen mit intensiven gemeinsamen Lernen und Üben. Auch in den Pausen wurde weitergeübt. Eine wichtige Methode im Unterricht war die Nutzung von Eselsbrücken. Ich bin stolz, hierzu auch eine beigetragen zu haben: Bei den Rabenvögeln gibt es zwei Arten, die nur regional vorkommen. Die vollkommen schwarze Saatkrähe hat ihr Vorkommen links der Elbe, also im Westen, und die grau-schwarz gefleckte Saatkrähe findet man rechts der Elbe, also im Osten. Das wurde immer wieder durcheinandergebracht. Als einziger Ossi der ganzen Jagdschule verriet ich, wie ich mir das Verbreitungsgebiet merken würde: Die Nebelkrähe musste aus dem Osten kommen, denn für sie hatte die schwarze Farbe nicht mehr gereicht. Engpässe kamen im Sozialismus häufig vor.

Dann ging es zum ersten Mal zum Schießen nach Perl. Wir übten in einem Schießkeller, der beste Bedingungen bot. Am Abend fuhren wir zuversichtlich in unsere Pension. Alle waren wir mit unseren Schießergebnissen sehr zufrieden.

Die gefährlichste Hürde im Saarland war nicht das Schießen, sondern das Fach Waffenhandhabung. Diese Prüfung wurde gemeinsam mit der Schießprüfung abgenommen. Geprüft wurde hierbei der sichere Umgang mit vier verschiedenen Kurzwaffen, Revolver Smith & Wesson, Walther PPK, Sig Sauer und 45. Automatic, sowie mit vier Langwaffen: M 98, Steyr Mannlicher, Querflinte und Drilling Sauer 3000. Neben der sicheren Demontage und Montage der Waffen wurde in der Form einer „Jagdreise" der Waffenumgang in der Praxis überprüft. Dem Prüfling wurde eine Waffe im Waffenständer gezeigt und Exerziermunition übergeben. Als Erstes hatte er die Waffe auseinanderzunehmen und wieder zusammenzubauen. Dann ging es los: „Sie wollen mit dem Auto auf Jagd, was machen Sie mit der Waffe. Nun steigen Sie im Revier aus und pirschen zum Hochsitz. Sie besteigen den Hochsitz. Da vorn sehen Sie einen guten Bock, Sie wollen ihn erlegen. Zur Erhöhung der Genauigkeit stechen Sie die Waffe ein. Der Bock springt ab ..." Die Prüflinge mussten entsprechend der vorgegebenen Situation die Waffe laden oder entladen, sichern oder entsichern, stechen oder entstechen bzw. spannen oder entspannen. Dabei wurden einige Fallen gestellt, die schon häufig zum Misserfolg geführt hatten. Etwa eine Woche vor der Prüfung fuhren wir täglich abends nochmals in die Schule, um entsprechende Situationen zu trainieren.

Mit fortschreitender Zeit und näherkommender Prüfung wurde die Stimmung immer angespannter. Die Nerven lagen blank. An erholsamen Schlaf war nicht mehr zu denken. Neben dem Forellenhof stand eine Kirche. Ab Mitternacht schlug die Glocke alle fünfzehn Minuten. Hatte mich das zu Beginn des Lehrgangs noch nicht gestört, so war ich jetzt immer sofort wach und begann antrainiertes Wissen aufzusagen: „Das Jagdrecht ist die ausschließliche Befugnis ..."

Wenige Tage vor der Prüfung wurde wieder eine schriftliche Testprüfung abverlangt. Nach der Auswertung wurde einigen Kursteilnehmern eröffnet, dass sie die Prüfung nicht bestanden hätten und Herr Seibt bot an, dass sie den Lehrgang kostenlos wiederholen könnten, wenn sie auf die Prüfung verzichten würden. Damit sollte eine vernünftige und werbewirksame Erfolgsquote von um die achtzig Prozent gesichert werden. Thomas gehörte auch zu diesem Personenkreis, verzichtete aber auf das Angebot.

Dann kam der Tag der Schießprüfung. Wir fuhren aufgeregt nach Perl. Die Wartezeit war durch die große Zahl der Prüflinge recht hoch, so dass meine kleinen Pillen wieder zum Einsatz kamen. Endlich kam ich an die Reihe. Der laufende Hase wurde fehlerfrei beschossen. Auch beim Bock erreichte ich ein achtbares Ergebnis und auf der Scheibe des einhundert Meter Liegendschießens waren viermal die Zehn und einmal die Neun getroffen. Na bitte!

Jetzt noch die Waffenhandhabung. Und wieder musste ich warten. Ich lief auf dem benachbarten ALDI-Parkplatz Schleifen. Plötzlich kam ein Seminargruppenleiter aus unserer Schule aufgeregt zu mir und schimpfte auf die bisherigen Prüflinge: „Das ist vielleicht verrückt. Der Prüfer hat bis jetzt jeden Kandidaten gefragt, welche Waffe er nehmen möchte. Das hat es bisher noch nie gegeben. Und was machen die alle? Die nehmen den Drilling. Die komplizierteste Waffe. Es ist nur noch eine Frage der Zeit, bis der erste durchfällt. Dabei ist der Prüfer

Fan vom M 98 und würde sich so freuen, wenn den einer nehmen würde."

Das würde ich anders machen. Der kann seinen M 98 bekommen. Ich wusste, was ich sagen würde. Weiter auf dem Parkplatz herumlaufend, rief ich mir alle Details des M 98 in Erinnerung, während ich mir noch eine kleine Pille gönnte.

Man rief mich zur Prüfung. Als ich im Prüfungsraum stand, sagte der Richter: „Also Herr Bermig, ihre Vorgänger durften sich alle eine Waffe aussuchen. Bei Ihnen lege ich das jetzt fest." So ein Mist!

„Sie nehmen den M 98." Man muss eben auch mal Glück haben.

Am nächsten Morgen klingelte sehr früh der Wecker. Die schriftliche Prüfung fand um 7.45 Uhr in der Eisenberghalle in St. Ingbert – Hassel statt. Um die allgemeine Spannung und Nervosität zu mildern, erzählte einer der uns begleitenden Seminargruppenleiter während der etwa zweistündigen Busfahrt permanent Witze. Am Prüfungsort angekommen, betraten wir die vorbereitete Mehrzweckhalle. Lange Tischreihen standen dem Präsidiumstisch gegenüber. Für etwa einhundert Prüflinge waren die Plätze alphabetisch mit Namensschildern gekennzeichnet. Im Präsidium saß ein stattlicher weißbärtiger Recke, der uns misstrauisch musterte. Man sagte uns, das wäre der stellvertretende Vorsitzende der Jäger des Saarlandes. Als ich meinen Taschenrechner auspackte, um gegebenenfalls Pächterhöchstzahlen oder Ähnliches zu berechnen, sprang er auf und konfiszierte das Gerät. Die Prüfung begann. Die Fragen waren lösbar. Ich war relativ schnell fertig und hatte ein gutes Gefühl. Die Auswertung der Ergebnisse sollte aber erst am Nachmittag in der Schule erfolgen. Ich bekam auch meinen Taschenrechner wieder. Der weißbärtige Recke hatte diesen für eine vorbereitete Datenbank gehalten.

Die Stimmung bei der Heimfahrt war deutlich gelöster. Nur Thomas, der wie bei der Hinfahrt neben mir saß, schaute aus dem Fenster. Ich stieß ihn mehrfach an und fragte, was er hätte. Er antwortete nicht. Auf der Fahrt von der Schule zur Pension meinte er, dass er die Prüfung garantiert verhauen hätte und dass er jetzt nach Hause fahren würde. Ich versuchte ihn zu überreden, zumindest die Auswertung am Nachmittag abzuwarten, und glaubte, das auch geschafft zu haben. Wir verabredeten, uns zwei Stunden aufs Ohr zu legen, den fehlenden Nachtschlaf nachzuholen und dann gemeinsam zur Bekanntgabe des Ergebnisses zu fahren. Gerade als ich mich hingelegt hatte, hörte ich vor meinem Zimmer Schritte. Ich ahnte Schlimmes, sprang aus dem Bett und zog mich an. Als ich die Treppe zum Gastraum runterstürzte, sah ich Thomas mit der Wirtin an einem Tisch sitzen. Vor ihm sein gesamtes Gepäck. Die mit den Umständen und Leiden der Prüflinge vertraute Wirtin hatte Thomas abgefangen und redete auf ihn ein. Gemeinsam überzeugten wir ihn, doch mit zur Auswertung zu kommen. Er bestand aber darauf mit seinem Wagen und dem gesamten Gepäck zu fahren, um sich anschließend gleich auf den Heimweg begeben zu können. Die Auswertung ergab, dass wir beide bestanden hatten.

Am Sonntag, dem 29.11.1998 fand die mündliche Prüfung in der Jägerschule in Münchweiler statt. In fünf Räumen saßen die einzelnen Prüfungskommissionen für die fünf Prüfungsfächer. Ich musste mit Wildtierkunde, dem gefürchtetsten Fach, beginnen. Etwa eine Woche vor der Prüfung waren die Namen der Prüfer bekanntgegeben worden. Mit Erschrecken stellte die Lehrgangsleitung fest, dass Wildtierkunde durch den Kreistierarzt geprüft werden sollte. Wir büffelten nochmals die Wildkrankheiten.

Ich betrat unseren Seminarraum, der als Prüfungsraum diente. Der große ovale Tisch stand voller Präparate. An der Stirnseite saßen die drei Prüfer. In der hinteren linken Ecke saßen zwei Seminargruppenbetreuer, welche aber nicht in die Prüfung eingreifen durften. Ich wurde begrüßt und setzte mich rechts vor die Kommission.

Der Kreistierarzt ergriff das Wort: „Können Sie mir sagen, was das für ein Tier da vor ihnen ist?"

„Welches? Das hier?"

„Ja"

„Das ist ein Murmeltier."

„Richtig. Erzählen Sie mir doch mal, was sie von den Murmeltieren wissen."

„Äh, also, die leben im Hochgebirge, in den Alpen. Sie gehören zu den Hörnchen. Die Tragzeit beträgt vierunddreißig Tage und sie bekommen meist zwei Junge. Ach ja, die Jungen heißen Affen, der Bär ist das Männchen und die Katze das Weibchen. Sie leben in Bauen und fressen Gräser und Wurzeln …"

„Weiter."

„Ach wissen Sie, viel mehr weiß ich nicht darüber, ich glaube auch, dass ich nicht viel mehr wissen muss. Ich komme nämlich aus Mecklenburg-Vorpommern und da gibt es keine Murmeltiere. Ich weiß auch nicht, woran das liegt, vielleicht an dem zu niedrigen Grundwasserspiegel?"

Der Prüfer lächelte und erwiderte süffisant: „Das mag so sein. Sagen Sie mal, haben Sie ein Auto?"

„Ja."

„Sehen Sie und damit können Sie in die Alpen fahren und Murmel jagen. Also weiter! Mit welcher anderen Tierart warnen sich Murmel gegenseitig?"

So ein Mist, dachte ich, davon hatte ich noch nichts gehört. Was konnte das sein? Wer lebt noch da oben? Raubvögel – aber das wäre ja widersinnig. Die wollen die Murmel ja fressen. Da werden sie die ja nicht warnen.

Welche Laute geben die Murmel eigentlich ab? Die Pfeifen. Ah …! „Ich glaube die Gämsen?"

„Richtig, na ja, da wollen wir das Thema Murmel mal beenden."

Die weiteren Fragen der Wildtierkundeprüfung konnte ich genau wie die Fragen in den anderen vier Prüfungen ausreichen beantworten.

Nachdem wir alle Prüfungen durchlaufen hatten, saßen wir in der Cafeteria und warteten auf das Ergebnis. Es war ausgemacht, dass alle, die die Prüfung nicht bestanden hatten, bis dreizehn Uhr aus dem Raum gerufen werden sollten. So gebannt habe ich noch nie jemanden auf die Uhr starren sehen. Tatsächlich wurden drei oder vier Prüflinge geholt.

Endlich war es dreizehn Uhr und Lehrgangsleitung und Prüfungskommission betraten freundlich lächelnd den Raum.

Bestanden!

Wir fielen uns gegenseitig um den Hals. Da löste sich so viel Spannung – zweieinhalb Jahre auf dieses Ziel hingearbeitet. Nachdem sich die erste Freude etwas gelegt hatte, mussten wir vortreten und erhielten unsere Prüfungsurkunden. Thomas stand neben mir.

Wir hätten gern alle miteinander gefeiert, aber die meisten mussten schnell nach Hause. Ich hatte keinen Urlaub mehr und wollte am nächsten Tag arbeiten. Also schnell ins Auto und von unterwegs die frohe Kunde verbreiten. Meine Frau freute sich riesig und auch die wichtigsten Freunde wurden informiert.

Leider zeigten sich dunkle Wolken am Horizont. Otto und Hilde freuten sich ebenfalls sehr. Nur war Otto sehr krank. In den letzten Wochen war er mehrfach im Krankenhaus gewesen, doch sein Zustand besserte sich nicht. Im Mai des Folgejahres mussten wir uns von ihm für immer verabschieden. Wir haben nicht ein einziges Mal gemeinsam als Jäger gejagt.

Nach dem Schiesstraining mit Freunden (Otto 2. von links, Hilde 3. von links, der Autor 1. von rechts und seine Frau 2. von rechts)

Erste Jagderfolge

„Willst du heute Abend mit mir auf Jagd gehen?"

„Na aber immer!"

Kurt hatte mich zur Jagd eingeladen. Wir wollten uns um siebzehn Uhr bei mir treffen, um mit unserem kleinen Geländewagen in die schneebedeckte Steinwiese zu fahren. Kurt kam mit seinem Trabi aus Wolgast angetöffelt.

Nachdem ich meine Jägerprüfung bestanden und den ersten Jagdschein gelöst hatte, stand ich plötzlich vor dem unerwarteten Problem einer fehlenden Jagdgelegenheit. Otto hatte mir für die laufende Pachtperiode einen Begehungsschein zugesagt. Ab dem nächsten Pachtvertrag wollten wir tauschen und ich Pächter und er Begehungsscheininhaber werden. Ich hatte zwar nun den Begehungsschein, aber die Mitpächter bestanden auf dem Passus im Gesellschaftsvertrag, dass der Pächter, der diesen ausgibt, im Revier anwesend sein muss, wenn der Begehungsscheininhaber die Jagd ausübt. Das konnte Otto aus Krankheitsgründen nicht mehr, weshalb sich Kurt – er war damals Mitpächter – wie einige andere auch gegen diese Regel stellte, aber nichts erreichen konnte, da der Gesellschaftsvertrag nur mit der Zustimmung aller Pächter geändert werden durfte.

In Kurts Begleitung durfte ich natürlich jagen und ich freute mich sehr, dass er an mich gedacht hatte. Ein Problem war die Waffe. Mir war es noch nicht gelungen, eine zweckmäßige, hochwildtaugliche Büchse zu erstehen. So musste ich mit meiner kleinen Übungsbüchse los, mit der ich maximal Rehwild bejagen konnte. Kurt wies mir meinen Ansitz zu und erklärte, wohin ich schießen und was ich erlegen durfte. Wir machten die Zeit aus, zu der wir

Endlich Jäger

abbaumen wollten, und los ging es. Ich kletterte auf den Traktoranhänger, der als Untergestell diente, und kroch in die kleine Kanzel. Nachdem ich mich häuslich eingerichtet hatte, befiel mich eine tiefe Befriedigung. Zum ersten Mal allein und mit Waffe im Revier. Ein wunderbares Gefühl! Nun aber erst einmal das Umfeld abglasen. Der Sitz stand auf einer Wiese. Vor mir war ein größerer, mit Erlen und Buchen bewachsener Bruch. Trotz der ihn umgebenden Gräben stand er teilweise unter Wasser und war Anlaufpunkt für das Rot- und Schwarzwild, welches regelmäßig vom nahen Waldrand anwechselte. Noch war aber nichts los.

In größerer Entfernung sah ich in der Dämmerung Rehwild und konnte zumindest zwei Kitze ausmachen. Vielleicht würden sie ja noch etwas näher kommen. Direkt vor mir raschelte etwas hinter dem Graben im Bruch. Vielleicht ein Fuchs, ein Dachs oder ein Marderhund? Hier in Ostvorpommern wurden damals die ersten dieser Einwanderer aus Ostasien gesichtet und erlegt. Das Rascheln war deutlich zu hören, entfernte sich aber nach rechts. Dann war es wieder still. Plötzlich sah ich rechts von mir in etwa einhundert Meter Entfernung eine Bewegung am Graben. Da ist was – Fernglas hoch – das ist ein Fuchs – die Waffe nehmen – wo ist der Fuchs – da ist er – entsichern – zielen – weg war er.

Das hat wohl noch etwas lange gedauert. Mir fehlte es an Reaktionsvermögen. Rrrrums! Oh, Kurt war etwas schneller!

Das Licht wurde immer schlechter. Mit meinem Fernglas konnte ich vor dem Schneehintergrund noch sehr gut sehen. Die optischen Daten meines kleinen Zielfernrohres auf der Übungsbüchse hatten dagegen schon aufgegeben. Also blieb nur noch die Beobachtung.

Irgendetwas bewegte sich an der etwa einen Kilometer entfernten Waldkante. Genaues konnte ich nicht erkennen, aber mein Blick wanderte immer wieder an diese Stelle. Plötzlich löste sich ein Rudel Rotwild aus dem Schatten der Bäume. Soweit ich das auf diese große Entfernung erkennen konnte, waren es sieben Stück Kahlwild. Das Rudel zog näher. Ich versuchte die einzelnen Tiere anzusprechen. Die Größenunterschiede ließen vermuten, dass neben den Alttieren auch ein Schmaltier und zwei Kälber dabei waren. Soweit ich wusste, hatte die Pächtergemeinschaft noch ein Schmaltier frei. Hoffentlich zieht das Rudel noch näher an Kurt heran. Das Rotwild nahm sich viel Zeit, aber die Richtung stimmte. Kurt saß auf einer Kanzel hinter einer Baumreihe. Wenn das Rudel diese Baumreihe erreichen würde, müsste die Schussentfernung passen.

Jetzt war es so weit. Aber nichts passierte. Ein Tier nach dem anderem verschwand aus meinem Sichtfeld. Die müssten jetzt schon fünfzig Meter vor Kurt stehen. Schläft der vielleicht?

Rrrrums! Er hatte doch nicht geschlafen.

Ich sah, wie ein Tier hochflüchtig wieder hinter der Baumreihe hervorkam und im Kreise lief.

Rrrrums! Das Stück fiel und verendete nach kurzem Schlegeln.

Na das war ja was. Wenn der Fuchs auch lag, hatte Kurt zweimal Jagderfolg am selben Abend. Das kannte ich von Otto kaum. Das lag aber vor allen Dingen daran, dass wir gemeinsam auf dem Ansitz saßen und uns permanent irgendwelche Schwänke aus der Jugend erzählten und somit die notwendige jägerische Ruhe vermissen ließen.

Ich wartete die vereinbarte Zeit ab, packte meine Ausrüstung zusammen und holte den Geländewagen. Kurt stand schon am erlegten Schmaltier und ich wünschte ihm Weidmannsheil. Der Fuchs lag auch schon da.

Und wieder fehlte es mir an Reaktionsvermögen, als ich auf die Frage: „Hast du eigentlich schon mal Rotwild aufgebrochen?", mit einem ahnungslosen „Nein" antwortete. Na gut, danach hatte ich wenigstens wieder warme Hände. Wir verstauten die Jagdbeute im Auto – es ist in der Tat verblüffend, was in so eine Wildwanne alles hineinpasst – und fuhren zum Wildhändler. Ein schöner Jagdabend ging zu Ende.

Nun musste mit Macht eine richtige Jagdwaffe her. Nur welche war die richtige? Fragte man zehn Jäger, erhielt man zehn unterschiedliche Antworten. Der eine schwor auf seine Bockbüchsflinte, der andere auf seinen Repetierer. Manche hatten zu Hause den Waffenschrank voll und für jede Gelegenheit eine andere Waffe. Andere, wie auch Otto, meinten dagegen, dass sie mit ihrem Drilling alles können und mit der einen Waffe wenigstens nicht bei der Bedienung durcheinander kämen. Bei der Auswahl des Kalibers standen sich die Meinungen so antagonistisch gegenüber, dass der Zustand nur noch mit dem Klassenkampf zur Zeit des Eisernen Vorhangs zu vergleichen war. Und da habe ich noch nicht die unterschiedlichen Geschosse, Waffenhersteller oder auch Ausführungsarten wie z. B. keine Gravur, einfache Gravur, Gravur mit Tierstück bis hin zu Gravur mit erhabenem Tierstück erwähnt.

Gut kann ich mich an meinen ersten Jägerlehrgang erinnern. Als wir unseren Schießlehrern – zwei erfahrenen Förstern – die Frage stellten, welche Jagdwaffe sie uns empfehlen würden, ergab sich folgendes Gespräch:

„Also ich kann Ihnen nur einen Repetierer empfehlen. Gebrauchter M 98 mit einem einigermaßen gutem Glas müsste für den Anfang reichen." (1200 DM, Anmerkung des Verfassers.)

„Na ja, du hast doch aber eine Bockbüchsflinte. Wenn man sich später dann doch so etwas zulegt, wird das immer teurer."

„Tja, wenn ihr so was zu Hause genehmigt kriegt, dann eben doch schon eine gebrauchte Bockbüchsflinte. Dann nehmt aber ein neues, gutes Glas, schon wegen der teuren Zielfernrohrmontage." (4000 DM)

Wir fragten die beiden, was sie von einem Drilling hielten.

„Zu teuer, zu schwer und ein Lauf spinnt immer. Ich würde mir so was nie kaufen."

„Das sage ich auch immer. Aber eigentlich liegt das eher daran, dass ich mit meiner Frau riesige Probleme bekommen würde, wenn ich mit dem teuren Schießprügel nach Hause käme. Haben würde ich so ein Ding schon gern. Immerhin ist das ja die traditionelle Waffe des deutschen Jägers."

„Ich nehme meine Aussage zurück und gebe zu, dass es mir ähnlich geht. Trotz der genannten Nachteile ist das schon was. Es gibt da schon ordentliche gebrauchte Sauer 3000 mit einigermaßen gutem Zielfernrohr für überschaubare Summen." (5000 DM)

„Na wenn man aber schon so viel Geld ausgibt, sollte man sich vielleicht doch einen neuen Drilling kaufen. Schon wegen der Garantie. Der Standard mit der einfachen Arabeskengravur reicht doch aus." (10.000 DM)

„Ach weißt du, du hast ja recht. Aber wenn du so im Wald sitzt und nichts kommt, und du kannst wenigstens deine

Waffe anschauen und siehst eine gut gemachte Gravur, das ist auch schön." (16.000 DM)

Womit wir so schlau waren wie zuvor.

In den nächsten Tagen schaute ich bei allen Waffenhändlern der Region vorbei, um zu sehen, was so alles vorrätig war. Beim Waffenmeister Seilz in Stralsund wurde ich fündig. Herr Seilz baute gerade einen Sauer 3000 Standard neu auf, d. h. er hatte einen alten Verschluss überarbeitet und mit einem neuen Laufbündel versehen. Geschäftet wurde auch neu und ich konnte noch Einfluss auf die Schaftlänge nehmen. Dazu ein gutes Zielfernrohr und eine gute Montage und das alles zu einem erschwinglichen Preis. Herr Seilz war pünktlich fertig, so dass der Drilling unter dem Weihnachtsbaum liegen konnte. Das erscheint zwar etwas makaber, aber was soll man sich bei so einem Hobby zu Weihnachten sonst schenken, zumal Karlo inzwischen auch begeistert mit zur Jagd kam. Dem Drilling unter dem Weihnachtsbaum folgte übrigens zu späteren Weihnachtsfesten ein Stutzen, ein Einstecklauf, ein Abfangmesser und als Krönung eine Knochensäge.

Eingeweiht wurde der Drilling auf dem Traktorhänger in der Steinwiese, wo ich einige Tage später einen Marderhund erlegen konnte. Da bei uns zu diesem Zeitpunkt erst wenige Marderhunde zur Strecke gekommen waren, wurde dieser erste jagdliche Erfolg gebührend gefeiert. Besonders Werner lobte immer wieder den „Jungjäger". Er, als alter und erfahrener Jäger, hatte damals noch keinen Marderhund erlegt. Ich war also positiv im Gespräch.

Manchmal muss man seine Mitmenschen einfach auch mal beeindrucken, wobei man dazu oft auch etwas Glück benötigt.

Im Sommer zuvor hatte ich mich mit Otto zum Morgenansitz verabredet. Auf Ottos Verlangen nahm ich die Doppelflinte mit. Ich hatte zwar noch keinen Jagdschein, aber Otto meinte, wir hätten zu viele Füchse. Außerdem würde jeder Jäger seinen Sohn in der Jägerausbildung mal schießen lassen und er wäre ja wohl irgendwie mein jagdlicher Vater.

Es wurde ein herrlicher Morgen. Es war lau, der Himmel war klar und bald begannen die Amseln zu rufen. Umso heller es wurde, desto stärker schwoll das Vogelgezwitscher um uns an. Im nahen Dorf krähten die Hähne. Wer nicht kam, war Reineke. Gegen sieben Uhr baumten wir ab.

Schon vor einiger Zeit war ein Jurist ins Dorf gezogen, der vor seinem Studium eine Ausbildung zum Präparator gemacht hatte. Eines Tages hatte er uns angesprochen, ob wir ihm nicht einen Erpel oder einen Raben besorgen könnten, damit er sein gelerntes Handwerk erhalten und auffrischen könnte.

Als wir nun so an der Ackerkante entlang in Richtung Dorf gingen, kamen wir an einem kleinen Waldvorsprung vorbei, der etwa einhundert Meter ins Feld reichte. Plötzlich flogen von der Spitze des Vorsprunges zwei Kolkraben auf und strebten, uns überfliegend, der Waldkante zu. „Otto, Raben, denk doch an den Präparator."

„Na dann schieß doch!", sagte Otto.

Ich riss die geladene Doppelflinte von der Schulter, entsicherte, backte an und schoss.

„Du hast zwei Schüsse", mahnte mein Lehrprinz.

„Aber ich hab doch getroffen."

„Ach, und warum fliegt der dann weiter?"

Der Kolkrabe flog tatsächlich weiter, obwohl ich deutlich sein Gefieder im Schuss stieben sah, und landete auf einem der ersten Bäume.

Dann fiel er runter.

Ein breites Grinsen überzog mein Gesicht. Aus einem kleinen Minuspunkt war ein großer Pluspunkt geworden.

Es wurde Mai, der Bock ging auf und wir trugen Otto zu Grabe.

Am Tag nach der Beerdigung kam Kurt zu mir und sagte, dass er mir etwas zeigen wolle. Wir fuhren in den Bullerbruch. Dieser größere Bruch liegt auf der anderen Seite der die Gemeindejagd teilenden Bundesstraße. Er ist von Wiesen und Feldern umgeben und gehörte zu jener Zeit zu Kurts Pirschbezirk. Wir fuhren über die Wiese an der dicht bewachsenen Bruchkante entlang. An einer alten Esche sollte ich anhalten. Im dschungelartigen Bewuchs sah ich eine völlig mit wildem Hopfen überwucherte offene Kanzel.

Den Baustil kannte ich. Das war einer der gefürchteten dreieckigen Sitze, die ich sonst nur aus Ottos Revier kannte. Bedingt durch seine geringe Körpergröße baute er die Brüstungen so niedrig, dass man, wenn man die Waffe anlegen wollte, auf dem Boden knien musste. Außerdem waren die Dinger viel zu eng. Otto hatte die Maße, welche er beim Bau zum Ansatz brachte, sicher in seiner von Nahrungsmittelmangel geprägten Jugend festgelegt. Wenn wir beide auf einem solchen Marterinstrument saßen, konnte man sich kaum bewegen, denn Otto war zwar einen Kopf kleiner als ich, aber um die Hüfte nahmen wir uns nicht viel.

„Ja, das ist ein Sitz von Otto", sagte Kurt. „Hier hat er die meisten Schweine geschossen."

Otto hatte vor der Wende hier gejagt. Als 1990 die Jagdreviere an das neue Jagdrecht angepasst wurden, fiel auch ein Teil des Bullerbruchs an die Gemeindejagd von Wrangelsburg. An der notwendigen Gründung der Jagdgenossenschaft und dem Abschluss eines Pachtvertrages war Otto maßgeblich beteiligt gewesen. Er wurde auch Obmann der Pächtergemeinschaft. Bei der Verlosung der neu gebildeten Pirschbezirke verlor er den Bullerbruch, war aber nicht sehr traurig darüber, da sein neuer Pirschbezirk direkt ans Dorf grenzte und somit sehr leicht zu erreichen war. In der Folge ging dieser Revierteil durch mehrere Hände, wobei sich keiner um Ottos Lieblingssitz kümmerte.

Das Besondere war, dass man von hier nicht nur die Bruchkante und die Wiese einsehen konnte. Auf der Bruchseite befand sich eine etwa fünfzig Meter lange, sich nach hinten tropfenförmig erweiternde Lichtung. Diese war jetzt natürlich total zugewachsen.

„Wenn du willst, kannst du dir hier eine Kanzel bauen und alles wieder frei schneiden. Dann setzt du dich hierher, wann du willst. Das ist dann dein Revierteil."

Und wie ich wollte.

Das Freischneiden war mühselig, machte aber auch sehr viel Freude, da wir immer wieder auf Wechsel stießen. Es sah so aus, als ob das Schwarzwild hier wohnte. Nach getaner Arbeit legten wir schon mal etwas Mais aus. Der war am nächsten Tag fein säuberlich aufgenommen, und an der zerwühlten Kirrfläche war zu erkennen, dass Schweine hier gewesen waren. Am nächsten Sonnabend wurde Material gekauft und ins Revier gefahren. Wir rissen Ottos Kanzel ab und schafften Platz für einen neuen Hochsitz. Am Sonntag begannen meine Frau Karlo, Ottos Schwiegersohn Lothar und ich mit dem Neubau. Die Arbeit ging uns leicht von der Hand. Am Abend stand das Ständerwerk mit Dach und Leiter.

Nachdem wir am nächsten Wochenende alles fertigge-stellt hatten, wurde die neue Kanzel eingeweiht. Kurt hatte sich ebenfalls im Bullerbruch, etwa fünfhundert Meter von mir entfernt, auf einem offenen Sitz postiert. Bei mir passierte wieder gar nichts, was nicht weiter schlimm war, da ich genug mit dem Studium der Umge-bung zu tun hatte. Ich konnte die Mais raubenden Poli-zisten des Waldes, die Eichelhäher, beobachten. Ein grö-ßerer Schwarm kleiner Singvögel tobte durch den Bruch und machte viel Radau. Im Bestimmungsbuch stellte ich am Abend fest, dass es sich um Schwanzmeisen handel-te. In der Dämmerung trat an verschieden Stellen Reh-wild aus, was zwar Schussentfernung zu mir mied, aber gut zu beobachten war. Die erwarteten Schweine kamen leider nicht. Der Baulärm der letzten Tage hatte sie wohl vergrämt. Die Ruhe des lauschigen Ansitzabends wurde nur durch Kurt gestört. Zweimal knallte es und es lagen ein Jährling und ein Überläufer.

Als ich zu ihm kam, um ihm zu helfen, sagte er voller Freude: „Mensch Mischa, mit dir gehe ich jetzt immer. Du bringst mir ja richtig Jagdglück."

Und wieder ging es zum Wildhändler.

Im Verlauf der folgenden Jahre haben sich meine Jagd-möglichkeiten verbessert. Aber der erste eigene Sitz – in-zwischen schon erneuert – ist uns immer noch einer der Liebsten.

Schon bald brachte er auch die ersten Erfolge. So zuge-wachsen wie der Bullerbruch war, bot er ausgezeichnete Bedingungen als Einstand von Rotwild, Rehwild und vor allem Schwarzwild. Jedes Frühjahr frischten hier ein bis zwei Bachen. Da sich die Schwarzkittel in dem gedeckten Gelände schon sehr früh auf Nahrungssuche begaben, war die Jagd meist bei bestem Licht möglich. Das war für einen noch unerfahrenen Jäger von Vorteil. Auch die Regelmäßigkeit, mit der wir hier Schweine erlegten, war beeindruckend. Hatten wir Jagderfolg ließen wir für etwa drei Wochen diesen Revierteil in Ruhe. Dann begannen wir wieder zu kirren und wenn die Kirrung wieder regelmäßig angenommen wurde und der Wind aus Südwest stand, starteten wir den nächsten Versuch. Das klappte fast immer. Als wir dann noch eine Wilduhr einsetzten und wir tatsächlich nur noch dann ansaßen, wenn zu erwarten war, dass das Wild bei gutem Licht kam, wurden wir noch effektiver.

Eines Frühjahrs sahen wir fünf Frischlinge an der Kirrung, von denen ich einen schoss. Diese Frischlinge waren ohne Bache unterwegs und von einigen Jägern schon gesichtet worden. In der Jägerhütte wurde diskutiert, ob sie wohl ohne Mutti eingehen würden oder ob das wieder zunehmende Nahrungsangebot eine einigermaßen normale Entwicklung zulassen würde. Letzteres war der Fall. Da zwei Weißbunte dabei waren, war die Rotte gut wiederzuerkennen. Nacheinander erlegten wir fast alle diese Schweine von unserem Sitz im Bullerbruch. Nur einmal stellten wir fest, dass seit unserem letzten Jagderfolg eine Wildsau fehlte. Das letzte Stück erlegten wir als Überläufer – es hatte ein Gewicht von neununddreißig Kilogramm.

Ich gab damals alles erlegte Wild beim Wildhändler ab. Hatte ich selbst Bedarf, kaufte ich ein Stück zurück. Der Wildhändler freute sich immer über kleinere Schweine, also größere Frischlinge oder kleinere Überläufer. Die konnte er als Grillschweine für den Drehspieß verkaufen.

Die verrückteste Zubereitung eines Grillschweins habe ich einmal anlässlich eines Richtfestes erlebt. Ein Kamerad aus dem ersten Jägerlehrgang hatte einen Teil von Ottos Grundstück gekauft und war mit seinem Haus so weit, dass Richtfest gefeiert werden konnte. Um das leibliche Wohl wollte sich sein Jagdfreund, ein etwa sechzigjähriger großer und kräftiger Mann aus Brandenburg kümmern.

Er kam mit einem großen verrosteten Grill und einer auf einen Drehspieß gesteckten, mit Alufolie umwickelten Mumie auf seinem Hänger an. Wie sich herausstellte, befand sich unter der Folie ein etwa dreißig Kilogramm schweres Wildschwein. Es war mit einer geheimen Mischung aus Kräutern, Paprika, Pfeffer und Salz eingerieben und mit sehr breiter und starker Alufolie fest umwickelt. Diese Folie hatte er als große Rolle noch zu DDR-Zeiten einem Isolierer abgekauft. Der Spieß wurde in seine Aufnahmen gehängt und unter dem Schwein Feuer gemacht.

Mit Bauholz!

Alles, was auf dem Bau rumlag und aus Holz war, wurde ins Feuer geworfen: Holzreste der Dachkonstruktion, mit Beton beklebte Rüsterbohlen, alte Paletten und vieles mehr. So was hatte ich noch nicht gesehen. Hohe, rußende Flammen umloderten die Mumie, so dass alles den Anschein einer indianischen Feuerbestattung hatte. Das Folienbündel war tiefschwarz und die Hoffnung der anwesenden Gäste auf ein leckeres Essen schwand immer mehr. Nach einer knappen Stunde begann der verkohlte Klumpen an den Spießenden zu dampfen. Der ebenfalls rußverschmierte Veranstalter dieser Feuersbrunst erklärte, dass jetzt alles auf einem guten Weg sei und die Sau ab diesem Zeichen noch eine halbe Stunde je zehn Kilogramm Gewicht auf dem Feuer bleiben müsse. Als dieser Zeitpunkt erreicht war, wurde das Paket vom Feuer genommen und über einem großen Topf mit einem Messer angestochen. Die im dicken Strahl herausschießende dunkle Soße verströmte einen verführerischen Duft. Das butterweiche Schwein wurde ausgewickelt und zur Bildung einer Kruste über der nun entstandenen Glut in Einzelteilen nochmals gegrillt. Es war ein Festessen. Ich habe später mehrmals versucht selbst einen Frischling auf diese Art zuzubereiten, scheiterte aber immer an der viel zu kurzen und zu dünnen Folie.

Dass meine Frau mit zur Jagd kommt, hat viele Vorteile. Sie geht mir beim Aufbrechen zur Hand, fährt auch mal alleine die Kirrungen ab, hält im Bedarfsfall Hund, Lampe oder andere Ausrüstungsgegenstände, zeigt Verständnis und steht nicht zuletzt als Fahrer zur Verfügung, wenn die Feierlichkeiten in der Jagdhütte mir die Fahrtauglichkeit rauben. Und in der Jagdhütte war vor allem zu Beginn meiner „Jägerlaufbahn" jeden Tag etwas los.

Hier tagte jeden Sonntag von zehn bis zwölf der Dackelclub. Einmal im Monat trafen sich die Pächter zur Versammlung. Und mehrmals in der Woche fanden Skatabende statt, bei denen es neben der Ehre um die eine oder andere Mark ging, was manchmal nicht nur zu verbalen Auseinandersetzungen führte.

Da Werner immer über einen ausreichenden Vorrat an Bier und Kümmerlingen verfügte, welchen man zum Selbstkostenpreis nutzen konnte, war auch an den anderen Tagen etwas los. Jeder, der Jagderfolg hatte und sein Wild beim Händler abgab, schaute mal rein. So ergaben sich häufig spontane gemütliche Abende. Die ständige Besetzung dieses Außenpostens des jagdlichen Brauchtums hatte einen großen Vorteil. Wenn man Hilfe brauchte, hier war immer jemand.

So auch Ende Oktober, als ich bei Vollmond auf meiner Kanzel im Bullerbruch saß und auf das große Schwein wartete, das sich seit Tagen an der Kirrung fährtete. Der

Wind stand richtig, trieb aber große Wolken langsam vor sich her, die immer wieder den Mond verdeckten. Hinten an der Kirrung war es sehr dunkel. Die hohen Bäume um die kleine Lichtung verhinderten trotz fehlenden Laubes das Eindringen des vollen Mondlichtes. War der Mond verdeckt, war es dort stockfinster. Der schwarze moorastige Boden als Hintergrund ließ dann nichts mehr erkennen. Ich hoffte, dass das Licht ausreichen würde, wenn das große Schwein käme. Es konnte ja auch die alte Bache sein, die sich hier regelmäßig zum Frischen einschob. Nachdem ich etwa zwei Stunden gewartet hatte, hörte ich links von mir ein schweres Knacken. Dann war wieder Stille. Die Richtung stimmte. Das große Schwein kam immer von links und zog, nachdem es meinen Mais verinnerlicht hatte, nach rechts weiter. Es war aber nichts mehr zu hören. Nach einer geraumen Weile vernahm ich ein leises Schlurfen und Rascheln links von der Kirrung. Das konnte aber nie ein schweres Schwein sein. Wahrscheinlich trogen mich durch die Anspannung die Sinne. Plötzlich schob sich bei bestem Mondlicht ein gewaltiger Wildkörper auf die Lichtung.

Ich nahm das Glas vorsichtig hoch.

Es war ein großer Keiler, so groß, wie ich noch keinen gesehen, geschweige denn erlegt hatte. Ich nahm langsam die Waffe hoch, ging in Anschlag, schaltete den Leuchtpunkt des Zielfernrohres ein, entsicherte, stach die Waffe ein und visierte den Bassen an.

Er stand spitz.

Nun gut mein Freund, irgendwann zeigst du mir schon noch deine Breitseite. Tat er aber erst mal nicht. Ich blieb im Anschlag, um die erste Gelegenheit zu nutzen, die sich mir bot. Dann wurde es dunkel. Ich schaute nach oben, um an der Größe der Wolke abzuschätzen, wie lange ich kein Licht haben würde. Die Wolke war nicht groß. Trotzdem ging ich vorerst aus dem Anschlag, um vielleicht mit dem Fernglas zu sehen, was da vorn los war.

Das Schwein stand breit.

Schnell die Waffe hoch und versuchen, das Ziel doch noch zu erfassen. Es ging nicht. Ich konnte zwar sehen, dass sich da was bewegte, aber selbst wo vorn und hinten war, konnte ich nicht erkennen. Also warten. Ich ließ den Drilling auf der Brüstung und hielt ihn mit der Rechten. Mit der Linken hielt ich das Fernglas und versuchte das Schwein zu erkennen. Da kam der Mond wieder. Ich ging sofort mit der Waffe aufs Ziel.

Der Basse stand spitz.

Das konnte doch nicht wahr sein! Ich blieb im Anschlag. Das Schwein drehte sich einfach nicht. Es wurde wieder dunkel. Im Fernglas konnte ich gerade so erkennen, wie sich meine Beute wieder breit stellte. Und so ging es weiter. Ich versuchte nun seit etwa einer Stunde das Objekt der Begierde zu erlegen.

Es sollte nicht sein.

In den Phasen der Dunkelheit hörte ich manchmal ein leises Rascheln und Knacken aus dem Bruch. Mal kam es von rechts, mal von links. Es hörte sich an, als ob da etwas die Kirrung umschlich, sich aber nicht zu der groben Sau traute. Manchmal, wenn das Rascheln zu nah gekommen war, machte mein Keiler auch seinem Unmut Luft und stürzte in Richtung des Unruhestifters, um aber gleich wieder an der gedeckten Tafel zu erscheinen.

Bei Mond spitz, ohne Mond breit.

Mit jeder abziehenden Wolke war die Hoffnung verbunden zum Zuge zu kommen. Es wollte einfach nicht klappen. Ich hatte schon fast die Hoffnung aufgegeben, als plötzlich der Mond wiederkam. Im besten Licht sah ich meinen zukünftigen Lebenskeiler.

Er stand breit!

Schnell mit der Waffe hoch. Jetzt musste alles klappen. Gut gezielt. Los! In diesem Moment stürzte der Große mit wütendem Gegrunze von der Lichtung in Richtung seines verwegenen Nahrungskonkurrenten. Ich konnte die Geräusche der wütenden Verfolgungsjagd noch eine Weile verfolgen.

Er kam nicht wieder.

Ich ärgerte mich fürchterlich. Aber was hätte ich tun sollen? Wenn doch schon Schnee liegen würde!

Unzufrieden ging ich zu Bett.

Am nächsten Morgen kam mir eine Idee – Schnee. Vor einiger Zeit hatte ich bei einem Futtermittelhändler zwei Säcke gequetschten Mais gekauft, den man nach näherer Inspektion aber eher als Maismehl bezeichnen konnte. Für die Kirrung war er auf jeden Fall denkbar ungeeignet und so standen die Säcke seither herum.

Ich nahm also einen Sack mit in den Bullerbruch und stäubte mit dem Maismehl die gesamte Kirrung ein. Das gab sicher ein verlockendes Aroma und einen ausgezeichneten Hintergrund. Voller Argwohn beobachtete ich den ganzen Tag die Wolkenentwicklung, denn etwas Mond war trotz meines Tricks notwendig. Am Abend war aber alles bestens und ich setzte mich voller Spannung an. Der helle Hintergrund war deutlich zu erkennen und ein Kontrollblick durch das Zielfernrohr ließ die Hoffnung keimen, dass der Keiler mich diesmal nicht an der Nase herumführen würde. Ich wartete nun schon etwa eine Stunde und die Zeit, zu der das gestrige Drama begonnen hatte, war fast herangekommen.

Es knackte wieder. Diesmal von rechts. Nun aber keine Zeit verlieren. Nicht wieder veralbern lassen. Ich ließ das Fernglas beiseite und schaute mir die Sache gleich durchs Zielfernrohr an.

Da kam der Basse.

Er schob sich auf die helle Kirrung, stand gut. Feuer!

Es kracht, poltert und mein Schwein ist weg!

Nach einer Weile begab ich mich zum Anschuss. Auf dem Maismehl sah ich Schweiß, aber mit der Lampe war im dichten Unterholz nichts zu sehen. Ich kroch noch acht bis zehn Meter in das total verfilzte Buschwerk. Auch hier war Schweiß. Langsam wuchsen jedoch die Bedenken: Ich war allein, hatte keinen Hund und konnte mich im Dickicht auch kaum bewegen – und das Schwein war groß.

Die Vernunft siegte und ich beschloss, Hilfe zu holen.

In der Jagdhütte brannte noch Licht und Stimmengewirr drang nach draußen. Als ich eintrat, war die Freude groß: „Mensch Mischa, hast du was geschossen? Komm setz dich. Was hast du denn gekriegt? Werner gib doch mal ein Bier rüber!"

„Nee Leute noch nicht. Ihr müsst mir mal helfen. Ich habe im Bullerbruch einen reifen Keiler geschossen."

„Ooooh!"

„Ja, wahrscheinlich mein Lebenskeiler, aber er liegt nicht. Und ihr kennt ja den Bullerbruch. Alleine und ohne Hund möchte ich da nicht rein."

„Das hast du richtig gemacht", sagte Willi, ein damals schon fast siebzigjähriger erfahrener Jäger.

Werner gab die notwendigen Anweisungen, holte seinen Hund und los ging die wilde Jagd.

Das Einsatzkommando bestand aus drei Geländewagen, sieben bewaffneten Jägern und einem Dackel. Am Hochsitz angekommen, wurde nochmals beratschlagt. Werner meinte, dass er für die Nachsuche mit seinem Rheuma nicht gut zu Fuß wäre und dass es besser wäre, wenn sich jemand anderes als Hundeführer finden würde. Auch die anderen hatten plötzlich alle etwas anderes zu tun, nur Willi griff sich den Dackel sowie seine Waffe und ging entschlossen los. Ich folgte ihm. Nachdem wir uns etwa zwanzig Meter durchs Unterholz geschlagen hatten, sahen wir den Bassen.

Es war ein Frischling!

Willi kriegte sich vor Lachen gar nicht wieder ein.

„Kommt mal alle her! Den kriegen wir hier nie alleine raus."

Ich stand da wie ein begossener Pudel.

„Du Mischa, wenn du die Waffen aufsetzt, ich glaube da reicht ein Bierdeckel. Hihi."

Auf der Fahrt zum Wildhändler holte ich noch Karlo ab. Ich war mir sicher, dass ich an diesem Abend noch einen Fahrer brauchen würde. Geld steckte ich mir auch noch vorsichtshalber ein. Und so kam es auch. Die Heiterkeit kannte keine Grenzen und immer wieder wurde mit Kümmerlingen auf meinen „Lebenskeiler" angestoßen.

Die Ursache des Malheurs war, dass ich mir beim Ansprechen keine Zeit genommen und die Situation gleich durchs Zielfernrohr beurteilt hatte. Da ich das Zielfernrohr größer als am Vortag eingestellt hatte, erschien mir das Schwein sehr groß und ich dachte, es wäre der Keiler. Es war aber sichtlich nur der kleine freche Ruhestörer, welcher an diesem Abend extra eher aufgestanden war, um früher an meinen Leckereien zu sein als der grobe Alte.

Der erste Jährling

Der Einheitshirsch

Es war nun fast ein Jahr seit der erfolgreichen Jägerprüfung vergangen. Der letzte gemeinsame Urlaub mit meiner Frau war schon zwei Jahre her. Also mal schauen, wo man so hinfahren kann.

Eigentlich sind wir keine großen Reiser. Am liebsten bleiben wir zu Hause. Mit den Jahren haben wir unser Grundstück und unser Haus mit einem hohen Freizeitwert ausgestattet und bei den wenigen Urlaubsfahrten, die wir unternehmen, wünschen wir uns meist sehr schnell, wieder daheim zu sein. Einmal hatten wir meine Eltern nach Siegsdorf bei Traunstein eingeladen. Es war Hochsommer und wir zerflossen in der brütenden Hitze förmlich. Täglich unternahmen wir Ausflüge nach Berchtesgaden, zum Großglockner oder nur zu einem Gebirgssee, um uns abzukühlen. Im klimatisierten Auto war das Wetter ertragbar, aber zurück in der Unterkunft wussten wir nicht, wo wir uns verkriechen sollten. Zu allem Ärger befand sich neben unserem Ferienhaus ein total zugewachsenes, privat genutztes Objekt mit einem kleinen Schwimmbad. Das konnte man zwar nicht sehen, aber dafür hören. Immer wenn wir uns gerade schwer transpirierend in den kleinsten Schatten gequetscht hatten, hörten wir unsere Nachbarn mit großem Gejodel ins Wasser springen. Und dabei hatten wir uns im eigenen Garten schon vor Jahren einen Pool errichtet. Seither stand unser Entschluss fest: Sommerurlaub – nur noch zu Hause.

Aber der Urlaub war ja auch für den Herbst geplant.

Wir fahren ab und an gern einmal für zwei, drei Tage in eine Großstadt wie Berlin, Hamburg oder ganz besonders gern nach München. Schon wegen der Einkaufsmöglichkeiten, um die es in Ostvorpommern leider schlecht bestellt ist. Wir genießen dann die Stadtzentren mit ihrem urbanen Leben und planen auch immer einen kulturellen Höhepunkt ein. Auf diese Weise kamen wir in den Genuss von Konzerten der Rolling Stones, von Eric Clapton und Norah Jones sowie dem Ballett Giselle in der Semperoper.

Unseren Erholungsurlaub verbringen wir aber gern an Orten, wo man die Natur genießen kann. Jetzt – mit Jagdschein – könnte man vielleicht auch eine Jagdmöglichkeit einbauen. Meine Frau war einverstanden und los ging es mit dem Studium der einschlägigen Angebote in den Jagdzeitungen.

Das Angebot war groß.

Schön beschriebene Ferienhäuser in vielen Gegenden, welche wir uns noch nicht angeschaut hatten: Schwarzwald, Bayerischer Wald oder auch Vogesen und Rhön. Ich nahm eine Vorauswahl vor und fing an zu telefonieren.

„Guten Tag, ich habe hier Ihre Anzeige zu ihrem Ferienhaus, wir würden gern Anfang Oktober …ach belegt … Na Dankeschön."

„Hallo, wir würden gern im Oktober Ihr Ferienhaus mieten … Das ist ja schön. Und die Jagdmöglichkeiten? … Füchse, ach, sonst nichts? … Na ich überleg mir das noch mal."

So richtig Glück hatte ich nicht. Vielleicht war aber auch schon die Anrede in Deutschlands Süden falsch. Also weiter.

„Grüß Gott, wir wollten uns gern Anfang Oktober bei Ihnen einmieten, würden aber auch gern zur Jagd gehen … Das würde funktionieren? Das ist ja schön … Ach so. Aha. Manchmal ist im Oktober auch noch ein Reh offen ... Hm, wissen Sie, nichts kann ich auch zu Hause schießen ... Na ja, dann Weidmannsheil."

Ein Strategiewechsel war notwendig.

Vielleicht ja sogar Ausland?

Aber da wurden meist nur Gruppenreisen für Jäger angeboten und wir wollten uns doch zu zweit im Urlaub erholen und nur ein bisschen zur Jagd gehen. Also noch mal die „Wild und Hund" studiert.

„Vermiete Ferienhäuser in Ungarn, Nähe Balaton. Jagdmöglichkeiten können vermittelt werden."

Das hörte sich interessant an. Seit frühester Jugend hatte ich eine Affinität zu Ungarn.

Mein Vater war damals Berufsschuldirektor eines halleschen Maschinenbaubetriebes. Da Urlaubsplätze zu DDR-Zeiten knapp waren, bauten sich die Betriebe ihre eigenen Ferienheime. Der Betrieb meines Vaters hatte Ferieneinrichtungen in Zingst auf dem Darß und in Königstein in der sächsischen Schweiz. Über diese Ferienplätze konnten die Belegschaften selbst verfügen, mit der Zeit wurde der Urlaub immer an denselben Plätzen aber langweilig. Es begann der Tauschhandel zwischen den Betrieben in der DDR und in den sechziger Jahren auch mit Betrieben einiger RGW-Staaten. Mein Vater hatte mit einigen anderen Mitgliedern der Betriebsleitung einen Kontakt nach Ungarn organisiert und ein Urlaubertausch wurde durchgeführt. Die Ungarn fuhren nach Zingst an die Ostsee und die Deutschen an den Balaton.

Ein wichtiges Prinzip meines Vaters war es, sich niemals irgendwelche Vorteilsnahme vorwerfen zu lassen, d. h. eine Inanspruchnahme eines dieser Ferienplätze kam für ihn nicht infrage. Aber andererseits wollte er so gern nach Ungarn. Er liebte die Wärme, schwärmte vom Thermalbad in Heviz, von dem er gelesen hatte, und trank gerne Wein. Die Lösung war die Erweiterung des Kontingents. Während alle offiziellen Urlauber im schönen Ferienheim in Badacsony wohnten, schliefen wir im dazugehörigen Garten im Zelt. Es war ein schöner Urlaub. Das schlammige Wasser des Balaton war zwar gewöhnungsbedürftig, aber schön warm.

Während ich mich an unsere Ausflüge kaum noch erinnern kann, spüre ich einige Speisen und Getränke immer noch auf meiner Zunge. Das frische Mischbrot mit hohem Maisanteil war einfach Klasse. Der Kakao zum Frühstück war unvergesslich. Jeden Tag gab es zum Mittagessen eine andere Vorsuppe, alle schmeckten herrlich, auch wenn in der einen Hühnerfüße schwammen. Höhepunkte waren alle Süß- und Mehlspeisen. Und auch das Obst war von einer Qualität, die wir nicht kannten. Vor allem die süßen, vollreifen Aprikosen hatten es mir angetan.

Ich erinnere mich an einen Aprikosenbaum vor einem Weinkeller in einem Weinberg. Mein Vater und zwei seiner Kollegen waren vom Besitzer des Kellers eingeladen worden. Ich wurde auf dem Aprikosenbaum geparkt. Die vier verschwanden im Weinkeller. Es war heiß. Weit über dreißig Grad. Das machte mir in dem schattigen Baum aber nichts aus. Die Aprikosen hingen dicht – um sie zu pflücken, musste ich mich nicht viel bewegen. Nachdem ich mir den Bauch gehörig vollgeschlagen hatte, machte ich im Schatten ein kleines Schläfchen, als ich durch lautes Singen aus Richtung Weinkellertür geweckt wurde. Die Tür sprang auf und ich sah die drei Herren, laut das Heideröslein grölend, im Kellereingang stehen.

Der Weinbauer stand etwas abseits und lächelte verständnisvoll.

Dann machten die drei die ersten Schritte ins überhitzte Freie und ich wunderte mich, wo plötzlich das Glatteis herkam. Wie von einer Rechten Valuevs getroffen, gingen die drei Kumpane zu Boden.

Der Weinbauer lächelte noch verständnisvoller.

Die Anzahl der schmackhaften Proben war wohl sehr hoch gewesen und die Temperaturdifferenz tat ihr Übriges.

Also Ungarn war bestimmt nicht schlecht. Das Wetter war dort Anfang Oktober meist auch noch besser als in Vorpommern und die Anreise durch Österreich war sicher auch interessant.

Ich notierte mir die angegebene Telefonnummer aus Nordrhein-Westfalen und legte den Zettel in meine Tasche. Am Sonntag wollte ich nicht anrufen.

Am nächsten Tag war ich dienstlich in Demmin unterwegs, als ich mit dem Reiseunternehmer Kontakt aufnahm. Eine Frauenstimme meldete sich. „Ich habe hier Ihre Anzeige aus der ‚Wild und Hund' auf dem Tisch und würde gern etwas über die Mietobjekte erfahren. Wir würden gern Anfang Oktober buchen, hätten aber auch Interesse an der angegebenen Jagdmöglichkeit."

„Ich kann Ihnen gern etwas Informationsmaterial zuschicken. Aber zu den Jagdmöglichkeiten kann ich nicht viel sagen. Das macht alles mein Vater. Der ist aber nicht hier, sondern unterwegs. Ich kann Ihnen aber die Handynummer geben."

Ich gab meine Adresse an und notierte die Handynummer. Dann wählte ich. Die Verbindung war sehr schlecht.

„Hallo, wer ist denn da?"

„Guten Tag, mein Name ist Bermig und ...“

„Hallo, ich kann Sie sehr schlecht verstehen, wer ist da?“

Ich brüllte in mein Handy. „Bermig hier, ich würde gern eine Ferienwohnung in Ungarn ...“

„Da rufen Sie doch besser meine Tochter in Spenge an, die macht das alles.“

„Hab ich schon, aber die weiß mit der Jagd nicht Bescheid.“

„Womit weiß die nicht Bescheid?“

„Mit der Ja-haagt!“

„Ach so, mit der Jagd. Das ist jetzt aber bei mir schlecht. Da müssten wir einiges besprechen und das ist etwas schlecht bei dem Empfang. Ich bin hier in der absoluten Walachei. Aber nächste Woche bin ich wieder zu Hause. Da können wir telefonieren.“

„Wo sind Sie denn?“

„Ach den Ort können Sie nicht kennen. Barlin bei Dargun in Mecklenburg-Vorpommern.“

„Den kenne ich doch. Ich bin in fünfzehn Minuten bei Ihnen.“

Als ich in Barlin ankam, mussten wir über diesen verrückten Zufall herzlich lachen.

Unser Vermieter baute seit seiner Jugend alte Häuser zu Ferienhäusern aus und vermietete diese. Dabei war der Eigenanteil an der Bauleistung sehr hoch. In Barlin standen wir vor einem kleinen Bauernhaus, in welchem gerade notwendige Abrissarbeiten durchgeführt wurden. Während unserer Unterhaltung kam gerade seine total mit Kalkstaub bedeckte Frau mit einem alten Bleirohr in der Hand aus dem Haus. Die Wahl war auf Barlin gefallen, weil der Sohn in diesem kleinen Ort die alte Schule gekauft und zu einem Hotel und Reiterhof ausgebaut hatte. Inzwischen stand auch eine Reithalle. Unser Vermieter baute nun sein kleines Bauernhaus aus, um drei Ferienwohnungen zu vermieten und eine zur Eigennutzung zu schaffen.

Wir verstanden uns sofort gut und nach einigen Plaudereien kamen wir zur Sache. Wir hatten zwei Ferienhäuser in einem Ort, dessen Namen ich nicht aussprechen konnte, zur Auswahl. Die Unterlagen sollten uns noch zugeschickt werden. Im benachbarten Staatsforst bestand die Möglichkeit, Rotwild, auch Hirsche, gegen Gebühr zu jagen. Wir vereinbarten, dass ich meinen Buchungsauftrag schriftlich erteilen sollte und dass sich dann der ungarische Jagdvermittler bei uns melden würde. Zwei Tage später hatten wir die Prospekte der Ferienhäuser da, wählten aus und buchten.

Wenige Tage später meldete sich der Jagdvermittler und teilte uns mit, welche Unterlagen wir benötigten: Waffeneinfuhrgenehmigung, Europäischer Feuerwaffenpass, Einladungsbrief des Jagdreviers, Ungarische Jagdkarte und Versicherung sowie Zolldeklaration z. B. für das Fernglas. Um die meisten Dinge wollte sich aber der Jagdveranstalter kümmern.

Nun das Schwierigste. Was wollen wir jagen?

Den Unterlagen des Vermieters lag eine Preisliste bei. Alles genau nach Geweihgewicht gestaffelt. Von leichter als vier Kilo für eintausendvierhundert Mark bis elf Kilo für fünfzehntausend Mark und je Gramm darüber noch mal zehn Mark.

In der Folge hörte ich viele Vorträge, was man mit dem Geld machen könnte, wenn man es nicht für ein paar Knochen an der Wand ausgeben würde. Mein Hinweis, dass sich in Österreich kurz vor der ungarischen Grenze ein Outlet-Center namhafter Modeschöpfer und Marken befindet und wir da mal anhalten würden, führte aber zur Einigung. Per Vertrag wurde die Jagd auf einen mittelalten Hirsch mit sechs bis sieben Kilo Geweihgewicht vereinbart.

Die Reise ging los. Alle notwendigen Papiere lagen pünktlich vor. Die Unterkunft war vom 3.10.1999 bis 17.10.1999 in Nagyvazsony gebucht. Die Jagdmöglichkeit bestand für denselben Zeitraum im Staatsforst Monostorapáti.

Da der dritte Oktober ein Sonntag war, hatten wir geplant, am Freitag nach Dienstschluss zu starten und so weit zu fahren, wie wir konnten. Wir schafften es bis Triptis und übernachteten in einem Hotel in der Nähe der Autobahn.

Am Sonnabend fuhren wir rechtzeitig los, denn wir wollten bis zum Neusiedler See in Österreich kommen und uns dort eine Unterkunft suchen. Wir hatten bestes Wetter und genossen die Landschaft. Immer wieder überlegten wir, wie die Jagd wohl verlaufen würde. Dabei stand für uns fest, dass es nicht so auf den Jagderfolg ankam. Wir hofften aber, dass der Erfolg – sollte er eintreten – nicht so schnell kommen würde, denn wir wollten ja möglichst viele Tage jagen. Ärgerlich wäre es, wenn wir schon am ersten Tag Erfolg hätten.

Wir erreichten Neusiedl am frühen Nachmittag. Als Erstes fuhren wir zum See, der mich sehr an den Balaton erinnerte. Viele Surfer fegten bei bestem Wetter übers Wasser, aber gastronomisch war nicht viel los. Also dann eine Unterkunft suchen. Auf dem Weg zum See war uns ein mittelgroßes Hotel aufgefallen und wir fragten, ob wir ein Zimmer haben könnten. Das klappte. Wir nahmen unser Handgepäck und suchten nichtsahnend unser Zimmer. Der Gang, den wir langgehen sollten, wurde immer länger.

War die Front des Hotels, welche wir bei der Anfahrt gesehen hatten, noch sehr überschaubar, so dehnte es sich in die von außen nicht sichtbare Tiefe erheblich aus. Die Ausstattung war luxuriös, wir liefen bei gedämpftem Licht und leiser Musik über dicke Teppiche. Außerdem kamen wir an einem Tennisplatz vorüber, von dem wir nur durch eine dicke Glasscheibe getrennt waren. Über das Schild, dass beim Abendessen Smokingpflicht bestehen würde, wunderten wir uns schon gar nicht mehr. Als wir im exklusiven Zimmer standen, fragte mich meine Frau, was das Zimmer denn eigentlich kosten würde. Leider konnte ich ihr das nicht so richtig sagen, da der Preis in Schilling genannt worden war und ich mich inzwischen auch nicht mehr an die Summe erinnern konnte.

Also was machen wir jetzt? Einen Smoking hatte ich nun wirklich nicht mit. Zugegebenerweise besitze ich gar keinen. Und dann gleich am zweiten Tag die halbe Urlaubskasse verbraten? Nein, wir fahren weiter nach Ungarn, da können wir bestimmt billiger und gemütlicher übernachten. Wir sagten also an der Rezeption, dass wir es uns anders überlegt hätten, und fuhren weiter.

An der Grenze mussten wir etwas warten. Die Einfuhr der Waffe löste doch einige Formalitäten aus. Kurz hinter der Grenze wollten wir nicht übernachten und so fuhren wir nach Györ. Von dort wollten wir in Richtung Balaton die Augen nach einer Bleibe offen halten. Etwa zwanzig Kilometer hinter Györ wurde in einem Landgasthof, einer Csarda, gerade eine Party vorbereitet. Die ersten Geiger der Band waren schon da und der ganze Hof war bäuerlich herbstlich mit Sonnenblumen, Melonen sowie Paprika- und Knoblauchzöpfen geschmückt.

Das gefiel uns sehr. Als wir den Wirt nach einem Zimmer fragten, kriegte der fast einen Weinkrampf. „Seit Wochen ist hier nichts los. Keiner kommt zu mir, niemand will etwas essen. Und heute, wo ich wegen unseres Herbstfestes ausgebucht bin, kommt ihr. Nein ich kann euch leider nicht helfen." Schade.

Wir versuchten es noch auf einem Reiterhof. Der beherbergte aber nur Mitglieder des Vereins. Daraufhin entschlossen wir uns zum Balaton durchzufahren. In unser Urlaubsquartier konnten wir zwar noch nicht, das war erst ab dem nächsten Tag gebucht, aber je näher wir dem See kamen, umso mehr Werbetafeln von Hotels, Pensionen und Ferienwohnungen säumten die Straße. Balatonfüred schien nur noch aus Übernachtungsangeboten zu bestehen. Wir konnten uns aber einfach nicht entscheiden. Uns ging es so wie dem kleinen Hund, dem in Athen die Blase platzte, weil er sich nicht entscheiden konnte, an welche Säule er pinkeln sollte. Da wir nun schon am Balaton waren, entschlossen wir uns bis nach Tihany zu fahren. Auf dieser bergig aus dem Wasser wachsenden Halbinsel gab es bestimmt gute Hotels. Die fanden wir auch, aber auch hier sagte uns immer irgendetwas nicht zu.

Nur im „Schwarzen Adler" wären wir gern eingekehrt. Vor dessen Eingang stand ein Pylon mit einigen beleuchteten Werbeschildern, die auf den hoteleigenen Pool, die ausgeschenkte Biersorte, die Öffnungszeiten des Restaurants und freie Zimmer hinweisen sollten. Alle Schilder leuchteten, nur der Hinweis auf die freien Zimmer war dunkel. Also weiter, die nächste Runde.

Wieder kamen wir an den bereits gesehenen Hotels vorbei. Sie gefielen uns immer noch nicht besser. Und der „Schwarze Adler" hatte keine Zimmer frei.

Nach der dritten Runde hielt ich am „Schwarzen Adler" an. Vielleicht konnte man uns dort helfen und zumindest eine Unterkunft vermitteln.

„Guten Tag, wir haben da mal ein Problem. Kennen Sie jemanden, der uns ein Zimmer vermieten würde?"

„Na klar – wir – wir sind doch ein Hotel."

„Ja, aber ihr Zimmerhinweisschild ist doch dunkel."

„Ach so, nein, das hat damit nichts zu tun, die Leuchtstoffröhre ist nur seit vergangener Woche defekt."

Das Hotel war preiswert, die Betten vielleicht etwas klein, das Abendessen im Restaurant war gut. Auch über das Frühstück, es gab Rührei und ungarische Salami, konnte man nicht meckern.

Am nächsten Tag war Sonntag und Tag der Deutschen Einheit. Wir fuhren nach Nagyvazsony. Unser Ferienhaus war ein normales Siedlungshaus, wie es in Ungarn überall anzutreffen ist. Es hatte einen Garten und auch eine Garage konnte genutzt werden. Das Haus selbst bestand aus einem Wohnzimmer, einem Schlafzimmer, einer Küche, einer Diele sowie Bad und Abstellraum. Das Wohnzimmer wurde durch einen altern Kachelofen beheizt. Alles in allem gefiel uns unser Domizil auf Zeit sehr gut und so richteten wir uns erst einmal häuslich ein.

Dann suchten wir Monostorapáti und dort das Forstamt. Wir waren zwar erst für sechzehn Uhr verabredet, wollten aber auf keinen Fall zu spät kommen, nur weil wir den Weg nicht kannten. Am frühen Nachmittag begannen wir mit der Vorbereitung. Ich überprüfte noch mal den Drilling, putzte die Jagdoptik, zog noch mal das Jagdmesser ab und packte den Rucksack. Dann zogen wir unsere Jagdsachen an und fuhren los.

In Monostorapáti standen wir vor einem verschlossenen Tor. Na ja, es waren ja auch noch zehn Minuten Zeit. Aber auch zwanzig Minuten später war das Tor noch verschlossen. Vielleicht waren wir doch falsch. Nach weiteren zehn Minuten stieg ich aus dem Auto und untersuchte nochmals Straßenname und Hausnummer. Alles stimmte. Auch die Aufschrift „Erdeszet" auf dem Hoftor war angekündigt und hieß wahrscheinlich „Forstamt".

Dann knarrte das Tor. Ein kleiner älterer Mann öffnete die Einfahrt und bedeutete uns mit Handzeichen, dass wir einfahren sollten. Wir freuten uns, fuhren auf den Hof und waren wieder allein. Der Mann war weg und alle Türen zum Forstamt geschlossen. Wir warteten weiter. Um 16.30 Uhr erschien ein jagdlich gekleideter Mann, begrüßte uns, stellte sich der Einfachheit halber mit seinem Vornamen Karl vor und öffnete das Haus. Wir folgten ihm in die Amtsstube. Während wir unsere Vertragsunterlagen auspackten, erklärte uns Karl, wie wir den vereinbarten Hirsch ansprechen müssten.

Da die Geweihentwicklung des Rotwildes regional sehr unterschiedlich ist und insbesondere von den genetischen Voraussetzungen, dem Nahrungsangebot, aber auch der Hege abhängt, war der Vortrag sehr hilfreich, zumal Karl zur Demonstration die reichlich vorhandenen Trophäen nutzte. Immer wieder wurde mir eingeschärft: „Eine Seite Krone, eine Seite Gabel. Das ist meist ein Mittelalter."

Die Tür öffnete sich und ein älterer Herr betrat den Raum.

Er war auch Deutscher, stellte sich vor und legte ebenfalls Unterlagen zur Rotwildjagd vor. Nun wurde Karl doch etwas unsicher und untersuchte die beiden Dokumentenstapel. Dabei stellte er fest, dass er für den anderen Herrn eingeteilt war und somit seinen Vortrag zu allem Ärger noch einmal wiederholen musste. Bevor er jedoch damit anfing, griff er zum Telefon und rief seinen – sicherlich für uns verantwortlichen – Kollegen an. Wir hatten die Gelegenheit, die volle Klangfarbe der ungarischen Sprache zu genießen und da auch die Lautstärke beachtlich war, dauerte es keine zehn Minuten und unser Führer stand in der Tür. Sein Name war Josef und er sah aus, wie man sich einen Ungarn vorstellt. Mittelgroß, kräftig, schwarz gewellte Haare und ein mächtiger Schnauzbart. Er lächelte uns verschmitzt an und bedankte sich auf Deutsch bei Karl für die Übernahme der Einweisung, was der mit einem leisen Knurren quittierte. Dann setzten wir uns zu dritt in eine Ecke und Josef schaute unsere Unterlagen durch.

Alles war in Ordnung und unser Jagdführer fragte, wo wir wohnten und ob er uns morgen früh abholen sollte.

„Ja wir dachten wir würden heute noch jagen."

„Ach, ich dachte ihr seid gerade erst angereist und es geht morgen erst los. Ich habe gar keine Waffe mit."

„Na ich soll ja auch den Hirsch schießen und ich habe meinen Drilling im Auto."

„Ich habe auch kein Fernglas, kein Messer und keine Lampe mit."

„Alles dabei."

Josef lächelte etwas gequält. Er hatte seiner Familie bestimmt gesagt, dass er gleich wieder da sein würde und sicher wartete zu Hause eine ungarische Leckerei zum Abendbrot.

„Na gut, denn man los."

Wir kletterten in Josefs Dienstwagen, einen Lada Niva, und fuhren vom Hof. Die Fahrt war sehr verwirrend.

Erst nahmen wir für wenige Kilometer die Landstraße, um bald auf einen Feldweg abzubiegen. Wir kamen in ein Waldstück und ich glaubte, wir wären schon am Ziel. Aber weiter ging es. Raus aus dem Wald, Feldweg und wieder Landstraße. Das wiederholte sich mehrfach. Dann eine Ortsdurchfahrt, die mir irgendwie bekannt vorkam. Waren wir im Kreis gefahren? Das war doch da eben nicht etwa die Tür vom Forstamt gewesen? Nach etwa einer Stunde erreichten wir wieder ein Waldstück. Josef fuhr sehr langsam. Nach einer Biegung stoppte der Wagen und vor uns stand ein junger Hirsch. Er stand quer vor uns und beobachtete uns argwöhnisch. So richtig angenehm war ihm unsere Anwesenheit nicht, Angst schien er aber auch nicht zu haben. Langsam zog er schließlich von dannen.

Wir fuhren nun nur noch ein Stück weiter und hielten an einer großen Freifläche. Leise stiegen wir aus und uns empfing ein vielstimmiger Chor röhrender Hirsche.

Die Freifläche war etwa fünfzehn Hektar groß und rechteckig. Wir standen an der linken oberen Ecke der schmalen Seite. Das Gelände fiel nach rechts relativ stark ab. Etwa in der Mitte teilte eine Hecke die Fläche. Vor uns, auf dieser Seite der Hecke, war Wiese. Hinter der Hecke war Raps gedrillt. Auf dem Raps tobte bei bestem warmem Wetter das Brunftgeschehen. Deutlich waren die Stimmen der einzelnen Hirsche zu unterscheiden. Wenn der Blickwinkel es erlaubte und man über die Hecke sehen konnte, waren sogar die Attacken der Hirsche zu beobachten.

Nun meldete auch noch direkt neben uns ein Hirsch.

Ein ungarischer, mit Schnauzbart.

Josef hatte seine Hände zur Muschel geformt und beteiligte sich ehrgeizig am Geschrei der Hirsche. Meines

Erachtens hatte er die männlichste Stimme. Als ich ihm das sagte und ihn darauf aufmerksam machte, dass das Kahlwild wohl bald in seine Richtung ziehen würde, freute er sich sehr, hörte aber sicherheitshalber trotzdem mit dem Geröhre auf.

Wir versuchten in der beginnenden Dämmerung die Hirsche im Raps anzusprechen. Josef hatte das Fernglas meiner Frau ergattert. Zwei alte Hirsche bearbeiteten sich in regelmäßigen Abständen. Einmal krachte es auch gewaltig, als die beiden handfest aneinandergerieten. Einige junge Hirsche beobachteten das Geschehen aus respektvollem Abstand. Ganz hinten, an der gegenüberliegenden Waldkante, stand noch ein Hirsch.

Eine Seite Krone, eine Seite Gabel.

Der wäre richtig. Aber wie kommen wir näher an ihn heran?

Wir beschlossen rechts an der Waldkante entlang, möglichst leise und jede Deckung nutzend, bis zur Hecke zu pirschen, was uns auch gut gelang. Nun ging es an der Hecke entlang. An nicht so dicht bewachsenen Stellen versuchten wir zu beobachten, was auf dem Raps passierte und ob unser Mittelalter noch da war. Unterwegs passierten wir einen Hochsitz, welcher noch viel zu weit entfernt stand, von dem wir aber das gesamte Geschehen einsehen konnten. Und weiter ging es.

Etwa in der Mitte der Hecke war diese für ca. zwanzig Meter unterbrochen. Das war sichtlich die Durchfahrt für die landwirtschaftlichen Maschinen. Für uns bedeutete diese Schneise, dass wir für das Rotwild zwanzig Meter lang sichtbar waren. Gott sei Dank war das Gras auf der Wiese lange nicht gemäht worden. Es wurde immer dunkler und der Wind stand perfekt. Wie die Krokodile krochen wir zum gegenüberliegenden Teil der Hecke und waren wieder gedeckt.

Nun war es nicht mehr weit. Noch ungefähr einhundertfünfzig Meter und wir erreichten wieder einen Hochsitz. Josef schickte mich hoch. Er kletterte hinterher und blieb so auf der Leiter stehen, dass er über die Brüstung das Geschehen einsehen konnte, meine Bewegungsfreiheit aber nicht einschränkte. Da oben kein Platz mehr war, musste meine Frau unten stehen bleiben. Durch die Hecke konnte sie nichts erkennen.

Ich sah den Hirsch. Er war noch etwas mehr nach links gezogen. Rechts von mir bekämpften sich die beiden Alten. Das Kahlwild stand überall in Gruppen herum und beobachtete die Freier.

„Der ist richtig, schieß!"

„Der ist zu weit."

„Ach was, das sind höchstens einhundertfünfzig Meter."

„Aber heute ist der erste Tag."

„Und du weißt, dass die morgen wieder hier sind?"

Josef hatte recht. Auch wenn wir uns das alles ganz anders vorgestellt hatten. Josef hatte recht.

Ich ging in Anschlag und fing fürchterlich an zu zittern. Der Zielpunkt sprang über den Hirsch. Er stand gut, aber ich setzte noch einmal ab, um mich zu beruhigen. Josef hinter mir wurde schon sichtlich nervös.

Also noch mal durchatmen.

Wieder in den Anschlag.

Der Hirsch stand noch gut, stechen, Luft anhalten, das Ziel war erfasst.

Der Schuss bricht!

Ich sah deutlich, wie der Hirsch zeichnete und nach einer Flucht von höchstens dreißig Metern wieder stehen blieb.

Nun stand er aber spitz und sein Haupt war von mir abgewendet. Ein zweiter Schuss war nicht möglich. Außerdem waren sofort nach dem Schuss einige Tiere zum beschossenen Hirsch gewechselt und standen nun um ihn herum. Als sie wegzogen, stand er immer noch spitz.

Hinter mir polterte es laut.

Nachdem der Schuss gefallen war, war meine Frau durch die Hecke gestürzt, um endlich auch etwas zu sehen. Aus der bisherigen Erfahrung kannte sie den Ablauf so, dass nach dem Schuss die Szenerie frei und außer dem erlegten Stück kein Wild mehr zu sehen war. Nun stand der Acker noch voller Rotwild und sie erkannte ihren Irrtum. Vorsichtig versuchte Karlo wieder die Hecke zu erreichen.

In diesem Moment schaute Josef nach unten, sah meine Frau offen vor dem Hochsitz auf dem Rapsschlag stehen, erschrak und schlug sich entgeistert an die Stirn. Die damit verbundene Erschütterung war so groß, dass die Belastungsgrenze der altersschwachen Leiter erreicht war und einige morsche Sprossen barsten. Josef stand plötzlich ungewollt zwei Leiterstufen tiefer. Er kletterte zu mir in die Kanzel.

Das Licht wurde immer schlechter. Im Halbdunkel sah es aus, als würde das Geweih hoch und runter gehen. Josef meinte, dass der Hirsch wohl weiter äsen würde. Ich hatte wohl daneben geschossen. Jetzt zog er langsam in den Wald und war verschwunden.

„Dann schieß doch den da", sagte Josef, und zeigte auf einen der beiden Alten, welcher gerade ca. einhundert Schritt von uns entfernt zum Angriff blies. Ich schaute meinen Führer entgeistert an und frage ihn, ob er mich für einen Millionär halten würde. „Hätte ja sein können", bekam ich zur Antwort.

Nun wurde es Zeit. Wir mussten sehen, ob wir beim letzten Licht noch eine Wundfährte finden würden. Also kletterten wir vom demolierten Hochsitz und gingen in Richtung Anschuss. Obwohl wir drei offen über den Rapsacker gingen und mit der Taschenlampe leuchteten, blieben einige Stücke stehen, so dass wir aus relativ geringer Entfernung ihre Lichter sehen konnten.

Ich zählte die Schritte. Als wir etwa am Anschuss waren, hatten wir mehr als zweihundert Meter erreicht. Das war wohl doch etwas weit.

Wir versuchten auf dem frischen Grün Schweiß oder Schnitthaar zu entdecken, fanden aber nichts. Der gesamte Rapsschlag war an dieser Stelle mit frischen Rotwildfährten bedeckt, so dass es uns unmöglich war, die Fährte des Hirsches auszumachen. Auch im angrenzenden Wald, in dem das Stück verschwunden war, Fährten über Fährten und kein Schweiß.

Mit nur einer Taschenlampe war es uns nicht möglich uns aufzuteilen und nach fünfundvierzig Minuten gab auch noch der Akku auf. Wir brachen ab und tasteten uns im Dunkeln zum Niva zurück. Josef fuhr uns zum Forstamt und wir verabredeten uns für den nächsten Morgen um sechs Uhr.

Ich machte mir Vorwürfe.

Wieso musste ich so ein Risiko eingehen und auf so große Entfernung schießen? Und das am ersten Tag. So vertraut wie dort das Rotwild war, wären wir später bestimmt näher herangekommen. Und wenn ich vorbeigeschossen hatte, dann warum? Hatte ich zu sehr gezittert oder hatte der Drilling auf der langen Autofahrt Schaden genommen? Auf jeden Fall würde ich morgen ein paar Patronen mehr mitnehmen, um gegebenenfalls Kontrollschüsse abzugeben.

Die Nacht war sehr unruhig. Wir konnten kaum schlafen.

Am nächsten Morgen hatte das Wetter umgeschlagen. Es war deutlich kühler und es nieselte. Pünktlich um sechs stand Josef vor unserer Tür. Auch er sah etwas mitgenommen aus. Während der Fahrt sprachen wir nochmals über den Vortag.

„Was meinst du, wo bist du abgekommen?"

„Ich glaube Hochblatt. Vielleicht ein bisschen weiter hinten. Ich war aber sehr aufgeregt."

„Normalerweise muss er liegen."

„Es war aber doch etwas weit."

Als wir im Revier ankamen, war bereits ein anderer Mitarbeiter des Forstamtes mit seinem Bayerischen Gebirgsschweißhund vor Ort. Da wir ihm keinen Anschuss und keinen Schweiß zeigen konnten, suchte der Hund frei im Gelände. Wir teilten uns auf und suchten den lichten Buchenwald ab. Da wir den Bestand gut überblicken konnten, hatten wir nach einer Stunde den Wald etwa einen Kilometer tief und sechshundert Meter breit abgesucht. Kein Schweiß, kein Hirsch. Auch der Hund kam immer wieder unverrichteter Dinge zurück. Ich wurde mir immer sicherer, dass ich gefehlt hatte. Auf jeden Fall wollte ich anschließend den Drilling überprüfen.

Aber eigentlich war mir gar nicht mehr nach großer Rotwildjagd. Was mussten die Ungarn nur von mir denken?

„Hiiier! Hiiiiiier, großer Hirsch! Kommt her!"

Das war Balsam für die Seele und Engelsgesang im Ohr. So schnell wir konnten, liefen wir in Richtung des Rufers.

Und dann sahen wir ihn.

Der Hirsch hatte, nachdem er im Wald verschwunden war, die Richtung gewechselt und war im spitzen Winkel nach rechts gezogen. Nach etwa vierhundert Metern war er beim Überfallen eines Grabens die Böschung nicht mehr hochgekommen und verendet. Alle vier waren wir glücklich den ungeraden Vierzehnender gefunden zu haben. Bevor aber die Freude vollständig ihre Bahn brechen konnte, war die bange Frage zu beantworten, ob das Wildbret die Zeit vom Erlegen bis jetzt überstanden hatte.

Der Mitarbeiter des Forstamtes bestand darauf, das Aufbrechen zu übernehmen. Als wir den Hirsch hierzu in Position brachten, zeigte mir Josef eine Beule in der Decke und meinte, dass das die Kugel sei. Schnell schnitt er mit seinem Jagdmesser die Stelle auf und gab mir das Projektil. Jetzt erklärte sich das Fehlen des Schweißes. Ohne Ausschuss hatten wir auf dem Rapsschlag kaum Chancen etwas zu finden.

„Beim nächsten Mal musst du dahin schießen, wo der Hirsch nicht so dick ist", meinte Josef. Ich war tatsächlich etwa fünfzehn Zentimeter weiter hinten abgekommen, als ich wollte, und da war der Recke wirklich etwas mächtiger. Ich glaube aber, dass die Entfernung auch eine Rolle gespielt hat.

Das Wildbret war in Ordnung und mir fiel noch ein Stein vom Herzen. Josef meine, dass ich mir darüber gar keine Gedanken hätte machen müssen. Das Wildbret wäre in solchen Fällen immer gut, da es nach Deutschland exportiert würde. Wir lachten, freuten uns und alle waren glücklich.

Karlo holte den alten kleinen Fotoapparat aus dem Rucksack und sorgte dafür, dass die wichtigsten Momente der Nachwelt erhalten blieben.

Hirsch im Graben, Hirsch im Graben mit Finder, Hirsch im Graben mit Erleger, Hirsch im Graben mit Erleger und Josef, Hirsch aus dem Graben, Josef mit Projektil, Hirsch wird aufgebrochen, Hirsch ist aufgebrochen, der Hirsch wird an den Weg gezogen, der Hirsch wird aufgeladen. Und von jedem Motiv immer mehrere Aufnahmen. Irgendwann meinte ich, dass der Film langsam voll sein müsste und ließ mir den Apparat geben.

Ja, da hatte ich wohl vergessen zu Hause einen Film einzulegen.

Da half nun nichts mehr. Auf dem Weg zum Forstamt hielt Josef an einem Kiosk, so dass wir uns einen Film kaufen konnten. Der Hirsch wurde auf Eichenzweigen zur Strecke gelegt und bekam den letzten Bissen. Dann wurde er verblasen. Da es mein erster Rothirsch war, musste ich auch eine Zeremonie über mich ergehen lassen. Dazu musste ich mich über meinen Hirsch beugen

Der Autor und Josef (2. von links) begutachten den ungeraden 14 – Ender

Der Einheitshirsch

und erhielt einige Schläge mit einem Buchenzweig, wobei der Schläger, das war unser Kamerad bei der Nachsuche, irgendwelche ungarischen Verse aufsagte. Alle anwesenden Mitarbeiter des Forstamtes freuten sich sehr über diese Geißelung und noch mehr, als Sekt und Palinka auf den Tisch kamen. Sie alle lobten unser gutes und richtiges Ansprechen und erzählten Geschichten, wie weit aus ihrer Erfahrung Hirsche mit einem tödlichen Schuss noch gehen können. Man war sich aber auch einig, dass die vereinbarten sechs bis sieben Kilo Geweihgewicht wohl kaum ausreichen würden. Es wurde trotz des nicht mehr so tollen Wetters ein sehr schöner Tag. Josef brachte uns am Nachmittag in unsere Unterkunft und wir ließen den Tag zufrieden mit einer Flasche ungarischen Wein ausklingen.

Ich hatte meinen ersten Hirsch erlegt, der den Namen Einheitshirsch bekam, denn schließlich war er ja am Tag der Deutschen Einheit zur Strecke gekommen.

Die nächsten Tage liefen bedingt durch den frühen Jagderfolg zwar nicht so wie geplant, aber wir machten das Beste daraus. Josef, dessen Aufgabe ja eigentlich erfüllt war, nahm uns noch mal mit zur Jagd. Wobei er, ganz Gentleman, unten am Hochsitz stehen blieb, damit Karlo mit nach oben konnte. Auch zu ihm nach Hause wurden wir eingeladen.

Ausflüge führten uns nach Pecs, Heviz und Papa. Dort trafen wir den Jagdveranstalter, der uns ein Trophäenschild schenkte, da er eigentlich zur Abwicklung der Formalitäten zu uns hatte kommen wollen, wir ihm aber diesen Weg abgenommen hatten.

Auf dieses Schild wurde unser Hirsch von Mitarbeitern des Forstamtes einen Tag vor unserer Abreise noch aufgesetzt, so dass wir ihn in ordnungsgemäßem Zustand mit nach Hause nehmen konnten.

Dass alles so schnell gegangen war, ärgerte uns nicht mehr. Der Herr, welcher mit uns am gleichen Tag die Jagd begonnen hatte, saß eine Woche jeden Tag im Revier und konnte trotzdem nichts erlegen.

Katastrophe im Wald oder Seelenverwandte

„Mensch Micha, was machst denn du hier?" Vor mir stand ein großer, blonder Mann, der mir bekannt vorkam. Es war Jan Weidt.

Wir hatten uns 1986 im Düngemittelwerk Rostock kennengelernt. Ich war dort nach meinem Studium als Abteilungsleiter für Finanzökonomie eingestellt worden. Karlo arbeitete als Programmiererin in der EDV-Abteilung. Wir hatten eine Wohnung bekommen und waren von Halle nach Rostock gezogen. Die Arbeit, welche in meiner Abteilung geleistet wurde, bestand aus reiner Bürotätigkeit in Normalschicht. Deshalb wurden zu mir mehrfach junge Frauen versetzt, die ein Kind bekommen hatten und dadurch nicht mehr im Dreischichtsystem im Rechenzentrum des Betriebes arbeiten konnten. So auch Heike, Jans Frau. Heike war ein aufgewecktes fleißiges Mädchen. Es machte Spaß mit ihr zu arbeiten. Damals gab es mehrere Möglichkeiten durch besondere Leistungen kleine Prämien zu ergattern, von denen ich regen Gebrauch machte. Das Geld wurde gesammelt und dann in regelmäßigen Abständen bei „kollektivbildenden Maßnahmen" verbraten. Bei solchen Gelegenheiten hatte ich Jan kennengelernt. Er war immer, ohne dass es einer gesonderten Aufforderung bedurfte, aktiv an der Vorbereitung und Durchführung unserer kleinen Feiern beteiligt. So hatten wir gemeinsam Spaß an der Arbeit und freuten uns am Erfolg, wenn alles klappte. Da die beiden in der Nähe wohnten, wurde bald einiges gemeinsam unternommen. Jan war als Schichtmeister im Düngemittelwerk beschäftigt und wollte weiterkommen. Da ich damals gute Beziehungen zur Universität

Der Generalssitz

Rostock pflegte, konnte ich ihm helfen. Zwei Ereignisse führten jedoch dazu, dass es mit Jans akademischer Ausbildung nicht klappte. Die Wende, die es einem jungen Familienvater nicht erlaubte für mehrere Jahre ohne Einkommen dazustehen, und ein schwerer Motorradunfall. Da ich Ende 1990 das Düngemittelwerk verließ und Jan ebenfalls dort aufhörte, um sich bei einer Versicherung anstellen zu lassen, trennten sich unsere Wege und der Kontakt brach ab.

Nun stand er nach zehn Jahren vor mir. Und das im Jagdladen von Frankonia.

„Ich schaue mal so rum, was es Neues gibt. Und du, bist du etwa Jäger geworden?"

„Nö, leider noch nicht."

„Und was heißt das?"

„Tja, ich bin in diesem Frühjahr durch die Prüfung gefallen."

„Ich auch."

„Ach, und wobei?"

„Beim laufenden Keiler."

„Das gibt es doch nicht, ich auch."

Wir leckten kurz unsere Wunden und jeder gab in Kurzform seinen Lebensweg zum Besten. Am Abend erzählte ich Karlo dann von dieser überraschenden Begegnung und dass ich mit Jan ausgemacht hatte, in Kontakt zu bleiben. Meine Frau freute sich natürlich und fragte auch gleich nach der Telefonnummer, um Heike anzurufen. Da fiel es mir siedend heiß ein: An den Nummernaustausch hatten Jan und ich natürlich nicht gedacht. Aber über die Auskunft würde ich das bestimmt rausbekommen. Gleich morgen würde ich telefonieren.

Daraus wurde dann nichts und alles verlief im Sande. Der Zufall sollte unserer Freundschaft aber eine zweite Chance geben.

Meine Frau ist sportbegeistert. Das beschränkt sich nicht wie bei mir auf das Verfolgen der Fußballbundesliga oder diverser anderer TV-Sportereignisse. Nein, meine Frau treibt selbst richtig aktiv Sport. Mindestens dreimal in der Woche geht es entweder in einen Fitnessclub oder zumindest auf das Fahrradergometer. Damals betrieb sie mit Vorliebe Langstreckenlauf. Mehrmals in der Woche drehte sie ihre Runden im Wrangelsburger Wald, immer von Hilde oder meiner Schwiegermutter, welche damals noch bei uns wohnte, auf dem Fahrrad begleitet. Jährlich lief sie beim Tollenseseelauf in Neubrandenburg den Halbmarathon. In ihrer Altersklasse war sie recht erfolgreich, zweimal hat sie sogar gewonnen.

Es war wieder einmal so weit. Karlo hatte sich zum Lauf in Neubrandenburg angemeldet. Der Start war für den Samstagnachmittag geplant. Üblicherweise reiste meine Frau mit ihren Fans an. Das waren Hilde, meine Schwiegermutter und ich. Wir hatten uns angewöhnt, Karlo am Start anzufeuern und dann mit dem Auto zum Wendepunkt in Alt Rehse zu fahren, um sie nochmals zu unterstützen. Da wir schneller dort waren, nutzten wir die Wartezeit zum Kaffeetrinken. Dazu hatten wir traditionell frischen selbst gebackenen Pflaumenkuchen mit Schlagsahne und einige Thermoskannen mit Kaffee dabei. Da wir jedes Jahr am gleichen Platz standen, stellten sich regelmäßig als Mitesser Polizisten ein, die zur Sicherung der Veranstaltung eingeteilt waren. Wenn meine Frau den Wendepunkt unter unserem großen Jubel passiert hatte, sprangen wir nach dem Verstauen der Kaffeetafel wieder ins Auto, um rechtzeitig am Zielpunkt zu sein.

Problematisch war die Zeit bis zum Start. Karlo war immer sehr nervös und brauchte Abwechslung. In der Zeitung hatte ich gelesen, dass auf der Waldbühne in Demmin an diesem Vormittag der Landeswettbewerb der Jagdhornbläsergruppen von Mecklenburg-Vorpommern stattfinden sollte. Das war bestimmt interessant. Karlo und Hilde waren sofort Feuer und Flamme. Meine Schwiegermutter konnte ich durch das Versprechen nach den Jagdhörnern chinesisch essen zu gehen schließlich auch überzeugen.

Am Samstagvormittag kamen wir in Demmin an.

Die Waldbühne ist in Form eines Amphitheaters angelegt und hat eine gute Akustik. Bei unserer Ankunft empfing uns schon vielstimmiger Hörnerklang.

Unten auf der Bühne stand eine Jugend- bzw. Kindergruppe und blies schön und voller Inbrunst. Die Gruppe stand im Halbkreis um einen kleinen, dürren Bläser, der wie alle seine Kameraden und Kameradinnen jagdlich gekleidet war. Es war ein toller Sound und ein herzerwärmender Anblick. Wir waren begeistert. Am besten gefiel uns der Kleine in der Mitte.

Am Ende der Vorführung gab es viel Applaus. Die Gruppe verließ im Gänsemarsch die Bühne. Als Letzter folgte unser kleiner Jagdhornbläser. Er wurde von seinen Eltern in Empfang genommen. Jan und Heike!

Als sie mit ihrem Sprössling die Treppe erklommen, machten wir uns bemerkbar. Die Freude war so groß, dass die Zuhörer in unserem Umkreis sich beschwerten und meinten, dass wir doch bitte draußen krakeelen sollten, was wir dann auch taten. Eines war uns jetzt klar. Zwei solche Zufälle sind Zeichen, welche man nicht ignorieren sollte. Wir tauschten Telefonnummern, Adressen und legten ein Wochenende fest, an dem uns Weidts besuchen sollten.

Der Lauf meiner Frau in Neubrandenburg lief wie üblich ab. Anfeuern am Start, Fahrt zum Wendepunkt, Pflaumenkuchen, wieder anfeuern, Fahrt zum Ziel, jubeln über den dritten Platz. Diesmal zusätzlich – freuen auf Jan, Heike und Felix, denn so hieß der kleine Bläser.

Das Besuchswochenende war mit gnadenloser Hitze herangekommen. Im Schatten zeigte das Thermometer sechsunddreißig Grad und auch im Pool konnte man sich bei sechsundzwanzig Grad nicht richtig abkühlen.

Familie Weidt reiste am Freitagabend an. Nach einer kleinen Abkühlung im Wasser wurde gegrillt, gefeiert und sehr viel erzählt.

Grillen ist übrigens eine Wissenschaft.

Das liegt in erster Linie daran, dass im Allgemeinen Männer dieser Tätigkeit nachgehen. Würden vor allem Frauen am Grill stehen, wäre die Sache viel unspektakulärer. Dass dies so ist, beweist die übliche Architektur in deutschen Wohnungen. Die Küche einer Neubauwohnung ist etwa so groß wie das Kinderzimmer und nachdem die notwendigen Geräte aufgestellt wurden, ist maximal noch Platz für eine arbeitende Person – meist die Frau. Auch wenn deren Kunstfertigkeit noch so groß ist – Platz für Publikum ist nicht. Das Wichtigste an der Küche ist die schließbare Tür.

Frei nach den Gebrüdern Blattschuss: „Mutter, mach doch mal die Tür zu. Ich kann nicht sehen, wie du dich abschuftest."

Wäre die Küche die Domäne der Männer, würde alles ganz anders aussehen.

Die Küche befände sich in der Mitte der Wohnung. Leicht erhöht und mit Glaswänden umgeben, gäbe sie immer Einblick auf das geschickte Tun des kochenden

Herrn. Auch bei den Küchengeräten würde nicht praktischer Edelstahl, sondern Lack und Leder vorherrschen. In den Eckkneipen würde man nicht über die Klitschkos oder Bayern München, sondern über die verschiedenen Garungsarten wie Backen, Braten, Dämpfen, Dünsten, Frittieren, Gratinieren, Grillen, Kochen, Pochieren, Sautieren und Schmoren debattieren.

Folgende Bedingungen führten dazu, dass das Grillen zwangsläufig eine Männerdomäne werden musste.

Erstens: Die Tätigkeit findet, wie man heute so sagt, zur besten Sendezeit statt. Das heißt meist am Samstagnachmittag. Die Familie sitzt spannungsgeladen und hungrig im Freien und wartet auf das Arbeitsergebnis des Familienvorstandes.

Zweitens: Unter Vorgabe der Berücksichtigung der äußeren Einflüsse, wie z. B. des Windes, ist der Grillmeister in der Lage, seinen Platz so zu wählen, dass seine Tätigkeit optimal zur Geltung kommt.

Drittens: Das martialische Spiel mit Feuer und Brandbeschleuniger hinterlässt immer Wirkung bei den anwesenden Damen.

Viertens: Durch das Einspannen des Nachwuchses für niedere Arbeiten werden die jungen Leute am Erfolg beteiligt und damit emotional stärker an das Familienoberhaupt gebunden. Schon lange beklagte Defizite bei der Erziehung können dadurch aufwandsarm, aber effektvoll ausgeglichen werden.

Doch zurück zu unserem Wochenendbesuch.

Am Samstagmorgen fuhren Jan, Felix und ich durch das Revier und suchten einen Platz für die abendliche Ansitzjagd. Für das Revier besaß ich nur das Begehungsrecht in Kurts Pirschbezirk, aber er hatte mir erlaubt, Jan am Abend zur Jagd mitzunehmen.

Jan war wie immer zünftig gekleidet, wobei bezüglich zünftig unsere Ansichten auseinandergehen. Er trug nämlich einen Tarnanzug. Man könnte Jan durchaus als Ausrüstungsfetischist bezeichnen. Das heißt, eigentlich ist er nicht Ausrüstungsfetischist, da seine Ausrüstung nicht Ausrüstung, sondern Equipment heißt. Das geht so weit, dass die prall gefüllten Kataloge von Kettner oder Frankonia schon lange nicht mehr ausreichen und teilweise mit Direktimporten aus den USA gearbeitet wird. Von dort war auch der Anzug.

Nachdem ich Jan einen Überblick über das Revier gegeben und wir einen Hochsitz für den Abend ausgesucht hatten, fuhren wir zu Jagdhütte. Die erfahrene Jägerschaft hatte sich zahlreich zu einer frühschoppenähnlichen Veranstaltung zusammengefunden. Man hatte die Sitzgelegenheiten aus der verräucherten Höhle herausgeholt und ließ sich die Sonne auf den Bauch scheinen. Unser Obmann Werner sowie Egon, Traktorist aus einem Nachbarort, Gerhard, ehemaliger Kriminalist und erfolgreicher Dackelführer, Willi, erfahrener Jäger und Skatspieler, und Hans, er war Arzt, ließen es sich gut gehen.

Meine Ankunft wurde wohlwollend zur Kenntnis genommen, da ich üblicherweise der Begrüßung ein direktes: „Was wollt ihr trinken?", folgen ließ.

Auch Jan weckte sofort Interesse. „Sag mal, wo kommst du denn her? Aus dem Kongo? Hä, hä!" Da Jan sichtlich Spaß verstand, wurden wir in die Runde aufgenommen und weitere Sitzgelegenheiten aus der Hütte geholt. Für Felix rutschte Hans auf seiner Bank etwas beiseite und holte ihn zu sich. „Sag mal mein Junge – hast du schon mal geküsst?"

Für diesen Vormittag waren wir am richtigen Ort. Nur die Mädels waren etwas ungehalten, als sie uns später wegen der eingebüßten Fahrtauglichkeit abholen mussten.

Nach einem kleinen Erholungsschläfchen ging es in den Wald. Wir wollten auf den Generalssitz.

Dieser Hochsitz war der erste, den Kurt und ich gemeinsam gebaut hatten. Wir kannten uns damals noch nicht so gut und jeder gab dem anderen ständig höflich recht. Diese Einstellung ist zwar löblich und zeugt von einer guten Erziehung, dem Ergebnis eines Bauprojektes ist sie allerdings nicht zuträglich.

„So Kurt, wie hoch wollen wir denn bauen? Drei oder vier Meter?"

„Ja, drei oder vier Meter sind gut."

„Vielleicht nehmen wir dann dreieinhalb?"

„Das ist super."

„Und oben, wie breit soll er oben sein?"

„Mach, wie du denkst."

„Dann 1,60?"

„Breit ist immer gut."

„Dann 2,50?"

„Mach, wie du denkst."

„Und die Tiefe? 1,20?"

„Schön tief ist auch gut."

„Dann machen wir zwei Meter."

Das Ergebnis war ein Koloss auf Stelzen. Der Generalssitz eben.

Nachdem man die Leiter erklommen hatte, stand man erst einmal auf einer großen Plattform. Über eine Tür betrat man die fünf Quadratmeter große Kanzel. Im vorderen Teil befand sich eine Klappbank, auf der bequem vier Personen Platz nehmen konnten, z. B. der General und seine Adjutanten. Der hintere Teil war etwa genauso groß und völlig nutzlos. Da der Sitz viel zu schwer war, stand er bald schief. Inzwischen ist er ausgewechselt.

Damals war er aber gerade fertig und stand noch gerade. Wir hatten schöne große Plexiglasscheiben eingebaut. Kurz unter dem Dach war die Wand noch teilweise offen. Die für das Fertigstellen der Kanzel notwendigen Bretter lagerten im hinteren Teil, obwohl wir die Restarbeiten eigentlich schon lange erledigt haben wollten. Wie sagt man so schön? „Nichts hält länger als ein Provisorium."

Jan und ich versuchten so leise wie möglich an den Sitz heranzukommen. Durch die lange Hitzeperiode war das Reisig trocken und zersprang wie Glas unter unseren Füßen. Endlich waren wir da und kletterten nach oben. Die Fenster wurden geöffnet und wir nahmen auf der üppigen Bank Platz.

Es war immer noch drückend warm und Jan fielen sofort die vielen Wespen auf, die ich bis dato gar nicht richtig wahrgenommen hatte. Vielleicht war hier irgendwo ein Nest? Wir suchten an der Decke und unter der Bank, wo Wespen gern ihre hängenden Nester bauen. Da war zwar nichts, aber beim Abtauchen unter die Bank konnte ich ein Summen vernehmen, das sich schließlich zum Holzstapel im hinteren Teil der Kanzel zurückverfolgen ließ.

„Was machen wir denn jetzt?", meinte Jan.

Das Nest war sehr schlecht zu entfernen, da es in den gesamten Bretterstapel eingebaut war. Also Variante zwei. Ich öffnete meinen Rucksack und holte eine Flasche Permanent-Insektenspray heraus, das bei mir gegen Hornissen im Dauereinsatz war. Wir fragten uns, ob wir den Einsatz des Mittels riskieren und ob wir dann nicht lieber die Kanzel verlassen sollten, zeigten dann aber entschlossenen Leichtsinn, blieben oben, und ich sprühte mit langer Kanüle in das Wespennest.

Sofort war die Hölle los.

Aus dem leisen Summen wurde plötzlich ein zorniges, lautes Rauschen. Der gesamte Holzstapel schien sich zu bewegen. In Staffeln starteten die Wespen hinter uns los, flogen einen Bogen um unsere Köpfe und dann raus aus dem Fenster. Wir waren wie erstarrt und wussten, jede Bewegung wird uns zum Verhängnis. Etwa eine halbe Stunde dauerte der Flugbetrieb. Dann trat wieder Ruhe ein.

Das war knapp.

„Wieso hast du eigentlich so eine Pulle mit?", fragte mich Jan. Ich erzählte ihm von meinem Hornissenproblem. Jan nahm die Flasche und prägte sich den Namen des Mittels ein.

Schweigen.

Er nahm eine Flasche Autan aus seinem Rucksack. „Ich habe nur so was gegen Mücken und Bremsen. Das ist das Beste."

„Das nehme ich auch", sagte ich und holte meine Flasche aus dem Rucksack. „Ich nehme aber immer die mit Treibgas. Der Pumpspender geht über Kopf so schlecht und tropft immer, wenn du ihn andersrum hältst, um dir die Beine einzusprühen."

Schweigen.

„Zeig mir mal dein Messer Jan." Wir legten unsere Messer nebeneinander. Es war wie erwartet. Jans Messer – amerikanischer Herkunft – hochmodern und als Einhandmesser ausgebildet. Mein Messer – von der Solinger Traditionsfirma Puma – mit Silbereinlagen und Hirschhorngriff.

Schweigen.

„Sag mal Micha, wie stellst du eigentlich fest, woher der Wind weht?", fragte Jan scheinheilig und nestelte ein kleines verchromtes Schächtelchen aus seinem Rucksack. Darin befand sich eine kleine Teleskopstange, welche auf der Brüstung befestigt wurde, mit einer Windfahne, welche die Richtung des Windes anzeigte.

„Und was hat das gekostet?", fragte ich.

„So etwa zehn Euro."

„Das habe ich billiger." Und holte mein Pustefix zur Seifenblasenherstellung heraus. „Kostet nur etwa einen Euro und kann mit Spüli nachgefüllt werden."

So ging es weiter:

Ich zeigte Jan meine Bergehilfe, er mir seine. Er holte seinen Zielstock hervor, dafür musste er meinen Kompass ausprobieren. Wir setzten uns jeweils auf das Sitzkissen des anderen und tauschten die technischen Daten unserer Taschenlampen aus. Jan musste meinen Rehblatter und ich sein Mauspfeifchen bestaunen.

Die Ferngläser waren damals die gleichen – wie langweilig.

„Sag mal Micha, du schleppst hier so viel mit dir herum, was zu trinken ist wohl bei der Hitze nicht dabei?"

So ein Mist. Vergessen. Das war die Niederlage.

Und dabei war ich diesbezüglich perfekt ausgerüstet. Meine Schwiegermutter hatte mir Bierflaschenbezüge gestrickt, damit die Flaschen im Rucksack nicht klappern. In Grün. Zwei mit weißem Rand für gekühltes Bier und zwei ohne Rand für normal temperiertes Bier – Otto trank kein kaltes Bier. Mit der Nummer hätte ich auf jeden Fall gewonnen.

Jan zog mit überlegenem Lächeln einen Flachmann aus der Tasche. „Den habe ich immer dabei. Davon gönne ich mir immer einen, wenn mir kalt ist. Aber du kennst ja die alte Regel: Was bei Kälte hilft, ist auch bei Wärme gut."

Ich gönnte ihm den Sieg. Er war zu eindeutig.

Das Spiel war aber noch nicht zu Ende. Jan versuchte erst mühsam, dann aber immer verbissener die Taschenflasche zu öffnen. „Das gibt es doch nicht. Das ist mir noch nie passiert. Hätte ich mal Wodka genommen, der Karlsbader Becherbitter hat mir sichtlich den Verschluss verklebt." Wir versuchten mit aller Kraft und Macht die Flasche zu öffnen. Auch mit den Zähnen ging es nicht.

Katastrophe im Wald, aber Gleichstand.

Da unser Verhalten während des gesamten Ansitzabends nicht erwarten ließ, dass sich noch Jagderfolg einstellen würde und wir außerdem völlig dehydriert waren, baumten wir ab.

Einige Wochen später traten wir den Gegenbesuch in Bad Doberan an.

Bad Doberan ist eine kleine Stadt westlich von Rostock und hat in den Jahren nach der Wende eine sehr positive Entwicklung genommen. Dabei spielte die Nähe zur Universitäts- und Hansestadt sicher eine große Rolle. Der kleine Ort selbst ist mit Sehenswürdigkeiten wie dem Doberaner Münster, dem Großherzoglichen Palais oder dem Kamp, eine dreieckige Grünanlage im Zentrum der Stadt, welche von zwei Pavillons geschmückt wird, gespickt. Die dampfgetriebene Bäderbahn Molli verbindet Bad Doberan mit dem ersten deutschen Seebad Heiligendamm sowie Kühlungsborn. Auf halber Strecke passiert sie die Ostseerennbahn. Diese älteste deutsche Pferderennbahn wurde 1961 umgepflügt und 1993, zur großen Freude der Doberaner, auf gleichem Gelände wiedereröffnet.

Jan, Heike, Felix und Florian wohnen in einem Stadthaus. Hier wohnten schon Heikes Eltern. Florian ist der älteste Sohn der beiden. Wir kannten ihn bereits als ganz kleinen Jungen. Er war der Grund, weswegen Heike damals in meine Abteilung wechselte. Heikes Mutter wohnt im Erdgeschoss, wo sich auch Jans Versicherungsbüro befindet. Die erste Etage wird durch unsere Freunde bewohnt und die zweite Etage ist vermietet. Das Haus hat einen schönen geschützten Innenhof und liegt ruhig am Rande der Stadt.

Wir waren Freitagnachmittag losgefahren und kamen nach etwa zwei Stunden an. Heute nach vollständiger Fertigstellung der Ostseeautobahn schafft man diese Strecke in einer Stunde, was die Häufigkeit unserer gegenseitigen Besuche deutlich erhöht hat.

Das „Hallo" war groß und wir machten es uns im Innenhof gemütlich. Jan zeigte mir seine „Schlachtbude", wo er sein Wild zerwirkt, und seine kleine Werkstatt, in der er unter anderem als Wiederlader tätig ist.

Nach einem ausgiebigen Frühstück ging es am nächsten Morgen in Jans Revier. Jan hat einen Begehungsschein bei einem Landwirt, welcher extensive Rindermast betreibt, so dass das Revier hauptsächlich aus Wiesen besteht, welche sich vom Stadtrand bis fast nach Heiligendamm erstrecken. Angrenzend befindet sich der mit einem dichten Schilfgürtel umgebene Conventer See. Der hauptsächlich mit Pappeln, Erlen und Weiden bewachsene Voruferbereich und Teile des Schilfgürtels gehören mit zum Revier. Die Wiesen und der See liegen teilweise unter dem Niveau der nahen Ostsee, weshalb das Revier trotz vorhandener Pumpwerke immer feucht ist.

Ein Paradies für Sauen!

Wir fuhren mit Jans Jagdwagen, einem Lada Niva. Es war ein älteres Modell, wobei es bei diesen Fahrzeugen genau genommen keine neueren Modelle gibt, sondern nur jüngere Baujahre. Seit dreißig Jahren wird diese kultige Karre mit den vielen keinen Macken in gleicher Weise in Russland zusammengeschmiedet. Lediglich bei den eingesetzten Motoren gab es größere Veränderungen. Jan hatte seinen betagten Niva günstig gebraucht gekauft, was ihm die Möglichkeit eröffnete ohne große Sorgen Umbauten vorzunehmen.

„Sag mal Micha, wollen wir einen Kaffee trinken?" Was sollte denn das? Wir hatten gerade gefrühstückt. Sicher gab es in Doberan tolle Bäcker, aber unsere Jagdklamotten hatten die Waschmaschine lange nicht gesehen und die Gummistiefel waren nicht gerade dazu geeignet Eleganz zu versprühen.

„Nö, komm, heben wir uns den Durst für das Bier zum Mittagessen auf."

Wir fuhren ein kleines Stück in Richtung Nienhagen und bogen links auf einen Feldweg ab. Um uns herum alles Wiesen, auf einigen standen Rinder. An einigen Stellen hatten die Sauen gebrochen und große Pfützen standen auf den Weideflächen. Wir kamen an einem Pumpwerk vorbei. Kurz danach hielten wir an. Jan wollte mir den Hochsitz zeigen, auf dem ich am Abend sitzen sollte.

„Hast du Hunger, willst du vielleicht etwas Suppe essen?"

„Mensch Jan, ich verstehe dich nicht, du wolltest doch mit mir zu dem Sitz dort drüben. Wieso sollen wir den jetzt auf einmal zurück zu Heike wegen einer Suppe? Und Hunger habe ich auch nicht."

„Nicht bei Heike, hier im Revier." Jan öffnete die Heckklappe des Niva und ich verstand. Er hatte im Kofferraum einen doppelten Boden mit praktischen kleinen, maßgeschneiderten Fächern eingebaut, in denen die verschiedensten Ausrüstungsgegenstände gelagert wurden. Alles war toll und professionell mit Filz verkleidet.

Die Spitze des „Equipment-Eisberges" bildeten ein Wassertopf mit Kaffeeportionen und Wasserentkeimungstabletten sowie ein mit Brennstofftabletten betriebener Kocher nebst Suppenkonserven. Ich amüsierte mich köstlich. Das war typisch Jan, denn auch schon sein Trabant war höherwertig nachgerüstet: Glashebedach, Blaupunktradio, Ledersitze mit Automatikgurten, Windabweiser an den Seitenscheiben und eine Mäusekino genannte bunte Anzeige im Tachometer, welche angeblich den Momentanverbrauch des Wagens grafisch darstellen sollte.

Wir stapften über die nasse Wiese zum Hochsitz. Um diesen einigermaßen trocken zu erreichen, mussten wir einige feuchte Stellen umgehen.

Jan erklärte mir seine Jagdbedingungen.

Die Fläche war sehr groß und die Schweine konnten überall sein. Der Jagdherr legte großen Wert auf die Verhinderung von Wildschaden, weshalb sich Jan ein sehr hochwertiges Nachtsichtgerät zugelegt hatte, da die Ansitzjagd an den regelmäßig bestückten Kirrungen einfach nicht ausreichte. Mit diesem Gerät kletterte er dann abends auf dem Gelände der Pumpstation auf eine Leiter und konnte so von dort aus weite Teile des Reviers kontrollieren. Sah er Schwarzwild, so pirschte er die Rotte gegen den Wind an. Da der Himmel durch die nahe Großstadt nachts immer hell leuchtete, reichte dann auf fünfzig bis achtzig Meter schon ein bisschen Mondlicht, um einen sicheren Schuss anzutragen.

Heute wollten wir aber auf die Ansitzjagd.

Am frühen Abend fuhren wir los. Jan setzte mich am Ausgangspunkt ab, er selbst wollte sich etwa fünfhundert Meter weiter ansetzen. Unsere Marschroute vom Vormittag war in der Dämmerung noch gut zu erkennen, so dass ich bald den Hochsitz erreichte, der zwischen einigen Bäumen am Rande der Wiese stand. Hinter den Bäumen begann in etwa fünfzig Meter Entfernung schon der Schilfgürtel. Vor dem Schilf war die Kirrung – dort sollten sie kommen. Ich kletterte die Leiter hoch und betrat die Kanzel. Das war aber mal luxuriös! Da stand eine alte gepolsterte Bussitzbank. Na, dass ich darauf mal nicht einschlafe.

Waffe laden und sicher verstauen, Rucksack mit auf die Bank und dann die Fensterluken öffnen. Jan hatte mich genau instruiert. Die Luke mit der Hand nach außen öffnen und gleichzeitig den Faden, welcher außen angebracht war und oberhalb der Luke durch eine Bohrung in der Wand in den Innenraum führte, vorsichtig anziehen. Wenn die Luke weit genug offen war, den Schlüsselring, welcher am Faden befestigt war, an der vorbereiteten Schraube einhängen.

Rums! Die Luke kam mit erheblichem Gepolter wieder runter – der Faden war gerissen. Na ja, aus der Richtung war eigentlich sowieso nichts zu erwarten.

Ich öffnete die nächste Luke. Rums! Auch diese hielt nicht. Die dritte Luke war die größte und damit schwerste und ich versuchte gar nicht erst die vorgesehene Vorrichtung zu benutzen. Da im Augenblick gegebenenfalls vorhandene Schweine durch meinen Lärm sowieso das Weite gesucht hatten, kletterte ich wieder die Leiter runter und machte mich in der beginnenden Dunkelheit an einem umgestürzten Baum zu schaffen, um geeignete Astgabeln zum Abstützen der Luken zu gewinnen. Damit konnte ich die Luken offen halten. Ich hatte aber Angst, dass diese im Falle eines Schusses wieder runterfallen könnten und das Zielfernrohr beschädigen würden. Die Angst war jedoch unbegründet, denn durch den Lärm hatte sich sichtlich alles Wild aus meiner Umgebung verflüchtigt. Es war nichts zu sehen und zu hören.

Dann sah ich Jans Scheinwerfer, er gab mir das Signal zum Aufbruch. Ich kletterte vom Hochsitz und begab mich in Richtung Scheinwerfer, wobei ich aber meine Anmarschspur verlor. Sollte ich umdrehen? Ich leuchtete das Gelände ab. Das sah gar nicht mehr so schlimm aus wie am Tage.

Ach, das wird schon gehen. Ich habe ja auch ordentliche Gummistiefel an. Na dann mal los.

Nun verabschiedete sich der Akku der Taschenlampe.

Ist ja nicht so schlimm, ich sehe ja, wohin ich gehen muss.

Platsch, plötzlich stand mir das Wasser bis zum Stiefelrand. Vorsichtig weiter. Die Schritte nach vorn gingen eigentlich gut, beschwerlich war es hingegen die Füße wieder aus dem fast knietiefen Schlamm herauszuziehen. Einige Male verlor ich fast einen Stiefel.

Durch die Anstrengung bekam ich einen Krampf im rechten Bein. Auf dem linken Bein stehend, versuchte ich das rechte zu schwingen, um den Krampf zu lösen. Das funktionierte zwar, aber ich sank mit meinem Standbein durch die Bewegung noch tiefer ein. Als der

Krampf gelöst war, zog ich mit aller Macht das linke Bein aus dem Schlamm, was zur Folge hatte, dass der Krampf nun in diesem war. Nun stand ich auf dem rechten Bein und wedelte mit dem linken. Diese Prozedur wiederholte sich mehrfach, bis ich endlich trockenes Gelände erreicht hatte.

Als ich bei Jan ankam, beschwerte ich mich erst einmal über den Verlauf des Jagdabends, insbesondere über den Zustand der Lukenbefestigung. Jan unterstellte mir zuerst, dass ich den vorgegebenen Öffnungsalgorithmus nicht eingehalten hätte, räumte dann aber ein, dass er die Fäden schon längere Zeit auswechseln wollte. Ich erzählte von dem Missgeschick, vom rechten Wege abgekommen zu sein, und beschrieb meine Qualen.

„Ach deswegen bist du rumgesprungen wie Rumpelstilzchen. Ich dachte schon, du übst für eine Volkstanznummer zum Jägerball."

„Was, du hast das alles gesehen?"

„Na klar, schau mal durch das Nachtsichtgerät."

Tatsächlich, man konnte den Hochsitz sehr deutlich erkennen. Jan hatte meinen gesamten Anmarsch gut verfolgen können.

„Und warum hast du mir nicht geholfen?"

„Ich gehe doch nicht in das tiefe Wasser. Außerdem wusste ich, dass du das schaffst."

Ein toller Freund!

Jagen im Bundesforst

Nun war ich schon fast zwei Jahre Jäger und hatte damit die zweijährige Wartezeit zur Pachtfähigkeit bald überstanden. Ich besaß immer noch nicht mehr als den Begehungsschein in Kurts Pirschbezirk, obwohl ich mehrfach versucht hatte einen eigenen Bereich durch die Pächter zugewiesen zu bekommen. Jedoch hatte man alle meine Anträge abgelehnt, weil immer mindestens ein Pächter gegen meine Aufnahme gestimmt hatte.

Damals war ich Mitglied des Gemeinderates von Wrangelsburg. In der Gemeindevertretung war auch ein Förster, der mich eines Tages auf mein Revierproblem ansprach und meinte, dass der Bund einen Teil des sich im Wald zwischen Wrangelsburg und Hanshagen befindenden ehemaligen DDR-Armeeobjekts verpachten würde. Auf einem mit Elektrozaun umgebenen Gelände standen große überwaldete Bunker, Fahrzeughallen und Mannschaftsunterkünfte. Einst war hier eine Raketeneinheit der Marine stationiert gewesen. Nördlich von diesen Anlagen befand sich ein Waldkomplex von etwa einhundertachtzig Hektar, der ebenso unter Bundesverwaltung stand, und genau um dieses Revier ging es – ein echtes Filetstück! Ich fragte den Förster nach Ansprechpartner und Adresse des Amtes. Es befand sich in Prora auf Rügen.

Das passte gut, denn ich hatte sowieso auf der Insel zu tun. Also meldete ich mich telefonisch an und besuchte den Forstamtsleiter. Wir unterhielten uns etwa eine Stunde angeregt. Zum Schluss meinte er jedoch, dass keine Absicht bestehen würde, das Revier zu verpachten, die derzeitigen Begehungsscheininhaber würden weiterjagen, da kein Grund bestünde, sie auszutauschen.

Schade – aber was soll man machen? Ich verabschiedete mich.

Beim Verlassen des Büros riet mir mein Gegenüber noch, ich solle doch einen formlosen Antrag stellen. Den würde er dann in die Revierakte heften und darauf zurückkommen, wenn sich an der Situation etwas ändern würde. Das tat ich dann auch.

Da das ebenfalls nicht geklappt hatte, startete ich nochmals einen Versuch bei den Wrangelsburger Pächtern. Ich schrieb wieder einen Antrag und bat um die Aufnahme als Pächter zum Jagdjahr 2001/2002. Mit jedem Pächter suchte ich das persönliche Gespräch, jeder kündigte mir an, dass er für mich stimmen oder meinen Antrag zumindest wohlwollend überprüfen wolle. Erneut begann das bange Warten.

Am 28.3.2001, also vier Tage vor Beginn des neuen Jagdjahres, teilten mir die Pächter mit, dass meinem Antrag wieder nicht alle zugestimmt hätten und ich damit kein Pächter werden würde. So eine Enttäuschung. Ich war wütend. Sicher hatte ich kein Recht zu verlangen, dass jemand etwas abgibt, damit ich es bekomme. Aber die Reaktionen der Pächter in den persönlichen Gesprächen hatten meine Hoffnung auf eine positive Entscheidung genährt. Ich fuhr nach Hause, erzählte alles meiner Frau und machte meinem Ärger Luft.

Karlo verstand und tröstete mich: Bei Kurt zu jagen war doch auch in Ordnung. Und wenn die neue Pachtperiode begänne, wäre ich bestimmt mit dabei.

„Im Flur liegt übrigens ein dicker Umschlag für dich. Sicher dienstlich."

Na dann arbeiten wir eben noch ein bisschen.

In dem Umschlag war nichts Dienstliches, sondern ein Stapel Papier, aus dem ich nicht schlau wurde: Ein Merkblatt für Jagdgäste der Bundesforstverwaltung, eine Haftungsverzichterklärung, allgemeine Bestimmungen für Inhaber von entgeltlichen Jagderlaubnisscheinen in den Bundesforsten, eine Revierkarte, eine Vereinbarung zum entgeltlichen Jagderlaubnisschein, ein Jagderlaubnisschein und ein mit schöner Schrift und Zimmermannsbleistift geschriebener Brief, sinngemäß folgenden Inhaltes: Lieber Herr Bermig, ich versuche seit mehreren Tagen ergebnislos Sie telefonisch zu erreichen. Sie haben im Forstamt Prora einen Antrag auf einen Begehungsschein in Hanshagen abgegeben. Sie können fünfundneunzig Hektar bekommen. Kostet fünfzehn Mark der Hektar. Wir haben schon alles unterschrieben. Wenn Sie wollen unterschreiben Sie auch, wenn nicht, schicken Sie alles zurück.

Große Enttäuschung und große Freude so nah beieinander. Natürlich unterschrieb ich.

Am nächsten Sonnabend klärten wir unser neues Jagdgebiet auf. Das gesamte Revier war sehr kompakt. Mittendurch führte ein Weg zur kleinen Waldsiedlung Karbow, der die Gesamtfläche in zwei Teile trennte. Für mich war der nördliche und etwas größere Revierteil vorgesehen. Mit Hilfe der Revierkarte suchten wir die eingezeichneten jagdlichen Einrichtungen. Es waren alles relativ niedrige und enge Drückjagdböcke. Da wir meist zu zweit zur Jagd gingen, musste da wohl noch einiges gebaut werden. Es lag noch Schnee und so konnte man die aktiven Wechsel gut erkennen. Hier war sichtlich einiges los.

Für den Sonntag gab es gleich richtig was zu tun. Das Revier war mit Wegen sehr gut erschlossen. Man konnte es komplett mit dem Geländewagen umrunden. Quer- und Längswege verbanden die Außengrenzen. Somit konnte man normalerweise bei jedem Wetter das Revier gegen den Wind betreten. Nur zurzeit war das leider nicht möglich, da vor einigen Wochen ein schwerer Sturm für ordentlich Windbruch gesorgt hatte. Wir packten also die Motorsäge ein und schafften wieder freie Fahrt. Als wir am nächsten Wochenende die vielen neuen Fahrspuren sahen, bereuten wir unseren Arbeitseinsatz. Ein paar Bäume hätten wir lieber liegen lassen sollen.

Da das Jagdjahr inzwischen begonnen hatte, war für den Abend der erste Ansitz geplant. Wir wollten zur Buche. Unter dieser und durch deren Zweige getarnt, stand ein Drückjagdbock. Man konnte eine kleine Lichtung einsehen, an welche rechts eine Fichtendickung angrenzte. Am vergangenen Wochenende hatten wir etwas Mais ausgebracht, welcher nun verschwunden war. Als wir am Nachmittag an der Dickung entlangpirschten, um die Kirrung für den Abend zu bestücken, hörten wir im Dickicht die Schweine quietschen.

Am Abend fuhren wir sehr gespannt und erwartungsvoll zur Jagd. Zum Glück war gutes trockenes Wetter. Da der Sitz, wie alle anderen, nicht über ein Dach verfügte, waren wir Petrus für diesen lauschigen Abend sehr dankbar. Bald hatten wir die Buche erreicht. Der Mais lag noch da und aus der Dickung war jetzt nichts zu hören. Dafür waren die Schwarzspechte sehr aktiv. Die Hähne führten halsbrecherische Luftkämpfe auf, um sich danach seelenruhig die eine oder andere Made zu klopfen. Langsam ging die Sonne unter. Über uns quorrten die Schnepfen.

In größerer Entfernung leuchtete etwas feuerrot auf. Reineke hatte es sich zwischen Heidelbeersträuchern gemütlich gemacht und eine Runde geschlafen. Nun gähnte er und streckte sich. Dann legte er sich wieder hin.

Da, ein Knacken in den Fichten, dann noch mal. Gebannt beobachten wir den Dickungsrand. Ich nehme schon mal den Drilling hoch. Dann knackt es ganz nah. Wir sehen, wie sich ganz vorsichtig eine große Bache auf die Lichtung schiebt. Nach kurzem Sichern begibt sie sich zielstrebig zur Kirrung. Dann knackt und raschelt es wieder in den Fichten. Sieben, acht Frischlinge folgen ihrer Mutter begeistert zum Mais.

Die sind aber alle klein und auch die Steifen sind noch etwas zu sehen, weshalb der Finger gerade bleibt.

Wir beobachten das Gewusel vor uns noch eine Weile und freuen uns über den tollen Anblick am ersten Tag im neuen Revier.

Da bewegt sich wieder etwas an der Kante. Ein Nachzügler?

Tatsächlich! Ein kleiner Überläuferkeiler trottet zu der Rotte und wird erst einmal von der Bache weggeblasen. Sie muss sich um ihren diesjährigen Nachwuchs kümmern. Der Bursche sollte eigentlich längst seine eigenen Wege gegangen sein, aber im Hotel Mama ist es wohl doch am schönsten.

Gut, dann wollen wir mal den kleinen Plagegeist der Volksversorgung zuführen.

Vorsichtig lege ich an. Als der Keiler einzeln und quer steht, lasse ich fliegen.

Er liegt im Knall.

Die Rotte stiebt von dannen.

Weidmannsheil!

130

Wir waren froh und glücklich über den schnellen Jagderfolg, wussten aber auch, dass jetzt erst der große Aufwand begann, denn nachdem ich meine Jagdunterlagen unterschrieben an das Forstamt geschickt hatte, hatte sich bald darauf der verantwortliche Förster Uwe gemeldet und uns mitgeteilt, dass alles erlegte Wild zu ihm ins Forstamt nach Kalshagen gebracht werden müsse. Wir konnten unser Schwein also nicht zu unserem Wildhändler bringen, obwohl der sich nur etwa einen Kilometer weit entfernt befand.

Also den Schwarzkittel flott aufgebrochen, in den Geländewagen verladen und ab die dreißig Kilometer zum Förster. Unterwegs telefonierte ich noch mit ihm, um nicht vor verschlossener Tür zu stehen. Wir wurden mit Achtung begrüßt. So schnellen Jagderfolg hatte Uwe uns Greenhorns wohl nicht zugetraut. Und der Schuss wurde auch noch gelobt. Ich nutzte die Gelegenheit und fragte nach der Prozedur der Wildabgabe, wenn ich das Stück selbst kaufen wollte. Wir einigten uns darauf, dass ich den Ursprungsschein ausfüllen und die entsprechende Rechnung erhalten würde. Da das Wild ja sowieso noch abhängen musste, hatte Uwe noch jeweils eine Woche die Möglichkeit das Stück zu kontrollieren. Dieses Verfahren nutzten wir erstmals, als wir eine Woche später das nächste Schwein an gleicher Stelle erlegten.

Allzu groß war die Strecke im Bundesforst, insbesondere in den ersten Jahren, aber nicht. Die Planvorgaben erfüllten wir fast nie. Unseren Vorgängern war das auch nicht gelungen. Aber der Anfang war nicht schlecht. Da ich fortan alles erlegte Wild behielt, musste ich meine diesbezügliche Ausrüstung verbessern. Zu den bisherigen zwei Tiefkühlschränken gesellte sich eine große Tiefkühltruhe und in der Garage wurde eine selbst gebaute Kühlzelle installiert. Ein Kettenzug zeugte von der Hoffnung auf großes und schweres Wild.

Problematisch waren die Ansitzeinrichtungen. Aus meiner Sicht zu wenig, zu eng und alle ohne Dach. Meine Kritik bei Uwe führte nur zu einem düsteren Vortrag über die Kassenlage des Bundes im Allgemeinen und die des Bundesforstes im Speziellen. Mit meinem Vorschlag die Sitze selbst zu bauen, war er auch nicht recht einverstanden. Als Förster war er für den Zustand aller jagdlichen Einrichtungen verantwortlich, egal ob er sie selbst hingestellt hatte oder nicht. Außerdem galt mein Begehungsschein nur jeweils ein Jahr und ich müsste, im Falle, dass dieser nicht verlängert würde, wieder alles abbauen.

Nachdem ich ihm das versprochen hatte und außerdem auf meinen beruflichen Ursprung als Schlosser und „Meister der volkseigenen Industrie" hingewiesen hatte, durfte ich beginnen.

Als Erstes sollte die Unikanzel gebaut werden. Sie hieß so, weil sie an den Wald der Greifswalder Uni grenzte. Das hatte uns jedenfalls ein „Kundiger" so erzählt. Später stellte sich heraus, dass hinter der Grenze der Landesforst war – es blieb trotzdem die Unikanzel. Wir hatten bei einer der ersten Runden durchs Revier an dieser Stelle ein Kahlwildrudel gesehen. Der Altholzbestand war mit starken Wechseln durchzogen und überall entdeckten wir Losung.

Uwe hatte uns eine Stelle im Wald zugewiesen, wo wir Stangen fürs Gerüst und die Leiter schneiden konnten. Für die Kanzel selbst lag auf unserem Hof noch genug Spundholz. Wir hatten kurz vorher unseren Hofbereich erneuert. Das alte Material war braun gestrichen und für den Hochsitzbau wie geschaffen.

Also erstes Wochenende Stangen schneiden, entästen und zum Bauplatz transportieren und zweites Wochenende alles aufbauen.

Ich hatte einen tüchtigen Helfer – meine Frau.

Diese Gewalteinsätze zu zweit haben bei uns Tradition. Wir erinnern uns immer wieder gern an unser Wochenendhaus in Rövershagen bei Rostock. Da wir damals erst kurz vorher von Halle nach Rostock gezogen waren, verfügten wir nur über sehr wenige Beziehungen. Das ist heutzutage schon nicht schön. Damals war es tödlich.

Man konnte nicht bauen, wie es der Sachverstand gebot, sondern musste mit den vorhandenen Mitteln irgendetwas zurechtwursteln.

So sollte z. B. das Fundament gegossen werden, wofür üblicherweise ein Ringfundament ausgehoben und gegossen, darauf ein oder zwei Lagen Schwerbetonsteine gemauert und dann innen die Platte gegossen wurde. Aber leider bekam ich keine Schwerbetonsteine.

Die folgende Befragung der Gartennachbarn ergab jedoch, dass mancher noch alte Schalbretter hatte. Die borgte ich mir aus. Fertigbeton war zu DDR-Zeiten fast überall Goldstaub – nicht so in Rövershagen. Da stand für die örtliche Bauwirtschaft ein Mischwerk und die Jungs verkauften Fertigbeton, allerdings nur im Mengenbereich von Lkw-Ladungen.

Ich hob also das Ringfundament aus und schalte alles komplett ein. Bodenplatte und Ringfundament sollten in einem Ruck gegossen werden, wofür ich vier Lkw-Ladungen brauchen würde.

Für den Sonnabend war die Lieferung geplant. Da zur vereinbarten Zeit kein Auto kam, fuhr ich zum Mischwerk.

„Ach ihr seid schon da, da können wir ja loslegen", wurde ich begrüßt. „Wann willst du denn den nächsten haben?"

„Tja, so viel Erfahrung habe ich da auch nicht. Was meint ihr denn, wie lange wir für eine Fuhre brauchen?"

„Das kommt darauf an, ob du Helfer hast."

„Hab ich."

„Und wie viele?"

„Einen, meine Frau."

Allgemeine Heiterkeit. „Na da brauchen wir ja vor Nachmittag nicht mit der zweiten Fuhre erscheinen."

„Doch, doch kommt mal in zwei Stunden."

„Das schafft ihr nie."

Der erste LKW fuhr sich dann erst einmal mitten im Garten fest und kippte seine Ladung dort auch ab. Das hieß, dass alles mit der Karre zum Fundament gefahren werden musste. Eigentlich hatte ich vorgehabt, den Beton in die vordere Ecke des Fundamentes kippen zu lassen und dann mit der Schaufel alles zu verteilen. Nun hatten wir die zusätzliche Arbeit mit dem Schubkarrentransport. Wir liefen wie die Hasen, um zehn sollte doch die nächste Lieferung kommen. Wir schafften es in letzter Minute – was nicht kam, war der Lkw.

Wieder rein in den Trabi und ab zum Mischwerk.

„Wo bleibt ihr denn, es ist doch schon halb elf?"

„Du willst uns doch nicht erzählen, dass die Fuhre schon eingebaut ist. Die lag doch eben noch auf der Wiese."

„Los, diskutiert nicht, wir wollen heute noch drei Ladungen verarbeiten."

„Das schafft ihr nie, ihr seid verrückt."

Kurzum, ich musste auch die restlichen zwei Fuhren persönlich abholen. Um einundzwanzig Uhr waren wir fertig, der Beton war eingebaut und die Platte abgezogen. Der folgende Muskelkater war beträchtlich.

Was war dagegen der Hochsitzbau?!

Den nächsten Sitz stellten wir an die „Schneise". Zwischen zwei Teilen einer Fichtendickung befand sich eine Lichtung und Uwe hatte ans westliche Ende einen Drückjagdbock gestellt, der aber so eng war, dass er mir allein schon zu unbequem war. Mit Karlo war die Jagd an dieser schönen Stelle schon gar nicht möglich. Der Bock musste ersetzt werden. Also der nächste Neubau. Noch im selben Winter erlegten wir an dieser Stelle ein Damhirschkalb. Aber auch sonst war es ein sehr lauschiger Platz. Einmal flogen fünf Schwäne über die Lichtung, die von der untergehenden Sonne so angestrahlt wurden, dass ihr Gefieder unnatürlich rosa aussah. Vor dem strahlend blauen Himmel und über den mit Schnee überzuckerten Fichten wirkte das Bild fast wie die Landschaftsmalerei in einem Chinarestaurant.

Anfang Dezember beteiligte sich das Revier an der großen Drückjagd. Als Begehungsscheininhaber hatte ich das Recht daran teilzunehmen. Ich durfte aber niemanden einladen. Auch mit der Organisation hatte ich nichts zu tun. Die übernahm Uwe. Allerdings war da auch nicht viel zu übernehmen. Zum festgelegten Zeitpunkt kam Uwe mit seinen Begehungsscheininhabern aus dem Karshagener Revier an. Die Belehrung wurde durchgeführt, der Ablauf beschrieben und die Stände verteilt. Jeder wurde angestellt und los ging es. Uwe ging mit zwei Mitjägern als Treiber durch. Wenn ich mich recht entsinne, wurden zwei Rehe erlegt. Die wurden nach der Jagd ohne Streckelegen verladen. Man verabschiedete sich – das war's. Als Pächter hätte ich das aber anders gemacht.

Im Januar schrieb ich an den Forstamtsleiter und beantragte für das nächste Jagdjahr meinen Begehungsschein. Wieder bat ich ihn, mir das Revier zu verpachten. Meinen Schein bekam ich, die Pacht nicht.

Das zweite Jahr verlief fast genau wie das erste. Revierarbeiten, Hochsitze bauen, schön auf Jagd gehen und so manchen Jagderfolg feiern. Im Herbst fand wieder die Drückjagd statt. Diesmal nahm ich erst gar nicht teil. Ich sollte, obwohl ich für das Revier einen Begehungsschein hatte, zusätzlich noch Standgeld bezahlen. Ich war eingeschnappt, sagte ab, nahm an der Jagd in Wrangelsburg teil und erlegte ein Rotkalb.

Im Januar schrieb ich wieder an den Forstamtsleiter. Computer und Schreibsysteme sind eine schöne Erfindung – Datum ändern und den Brief vom Vorjahr wieder nutzen.

Um meine Chancen auf einen Pachtvertrag zu erhöhen, übergab ich den Antrag diesmal persönlich. Es wurde wieder ein nettes, jedoch bezüglich meines Pachtwunsches abermals erfolgloses Gespräch. Alles Jammern half nichts, der Amtsleiter blieb hart. Als ich erwähnte, dass ich bisher alles Wild selbst gekauft hatte, kam aber doch etwas Bewegung in die Situation.

„Folgender Vorschlag Herr Bermig: Sie bekommen einen Begehungsscheinvertrag mit Wildbretübernahme, d. h. Sie bezahlen Ihre normalen Gebühren wie bisher und zusätzlich gleich am Anfang des Jahres das Wild, das Sie laut Plan schießen sollen."

„Und wo ist dabei mein Vorteil? Ich habe den Plan ja noch nie geschafft."

„Na ja, ich könnte mir vorstellen, dass Sie dann hin und wieder mal einen anderen Jäger mitnehmen könnten. Die notwendigen Papiere müssten natürlich trotzdem ausgefüllt werden. Und wenn Sie mehr Schweine als geplant erlegen, ist das Ihr Erfolg."

„Und zur Drückjagd könnte ich dann auch einladen? Und vor allem, dürfte ich sie organisieren?"

„Also verantwortlich ist immer der Förster. Das ganze Drum und Dran könnten Sie schon organisieren, aber dazu müssten Sie zusätzlich den zweiten Revierteil bejagen."

„Ist der denn frei?"

„Ja, der ist frei. Hätten Sie denn Interesse?"

„Na Interesse schon, bloß keine Zeit. Sie wissen doch, ich schaffe ja den Plan von meinem Teil kaum."

„Und kennen Sie jemanden, mit dem Sie so etwas gemeinsam angehen könnten?"

Na klar kannte ich – Kurt. Nur war der Rentner und konnte das nicht bezahlen. „Ich hätte da eine Idee. Mein Freund und ich übernehmen jeweils einen Revierteil und ich bezahle alles. Geht das?"

„Das geht schon. Aber bevor wir einschlagen, rechne ich mal aus, was das so pro Jahr kosten wird." Der Forstamtsleiter nahm einen Zettel. „Nehmen wir mal an, Sie bekämen denselben Plan wie dieses Jahr, dann wären das Grundbetrag, pauschaliertes Abschussentgelt, Wildbret, Mehrwertsteuer etc. Das ergibt …"

Auweia!

„So, das war der eine Revierteil, jetzt rechnen wir den zweiten, also Grundbetrag …"

Wie sage ich es Karlo?

So schwer war das gar nicht. Meine Frau teilte schon lange mein Hobby und die Aussicht in Hanshagen selbstständiger zu werden, war verlockend. Außerdem machte die Jagd mit Kurt sehr viel Spaß.

Die ganze Sache kostete zwar eine Menge Geld. Da wir aber kaum in Urlaub fuhren und unsere Freizeit zu einem großen Teil mit unserem Hobby verbrachten, war die Summe gerade noch ertragbar.

Kurt war begeistert. Stundenlang liefen wir durchs Revier. Insbesondere der neue Teil war aufzuklären. Es folgten schöne Monate mit unerwartet großem Jagderfolg. Es war gut, einen erfahrenen Jäger an der Seite zu haben, mit dem man sich austauschen konnte.

Das Bier ist verdient, der Autor mit seiner Frau Karlo und dem Dackel Wastel

Die scharf geschossene Rostocker Heidesuppe

„Dann bring doch einfach einen großen Topf von deiner berühmten scharfen Wildsuppe mit."

Der Vorschlag meines Schwagers Ronald war gut. Wir waren zu Hans und Brigitte eingeladen. Beide waren vom Mansfelder Land in die Nähe von Neustrelitz gezogen, um das Rentnerdasein in ihrer Wunschlandschaft zu verbringen. Brigitte ist die Schwester und Hans ein alter Freund meines Schwagers.

Der Grund für die Einladung war ein Fass Bier – Wippraer Bier.

Im vergangenen Frühjahr hatten wir alle eine „Bildungsreise" unternommen. Es ging um die Teilnahme an einem Braukurs. Veranstalter war die Museums- und Traditionsbrauerei in Wippra (Harz). Mein Schwager und meine Schwester sowie Hans und Brigitte hatten alles organisiert und uns dazu eingeladen. Wir fuhren gern in diese Ecke Sachsen-Anhalts, denn wir konnten solche Fahrten mit einem Kurzbesuch bei meiner Mutter verbinden und außerdem Wurst kaufen. Obwohl mit unserem Umzug in den Norden viele Annehmlichkeiten verbunden waren, wie z. B. die Ostsee oder der frische Räucherfisch, gab und gibt es aber auch einen gravierenden Nachteil: die Wurst.

Die Ernährungsgewohnheiten in den einzelnen Regionen Deutschlands sind zum Teil sehr unterschiedlich. Das bezieht sich auf spezielle Gerichte wie Labskaus, Weißwurst oder Saumagen. Es gibt aber auch generelle Trends, die oft mit der Geschichte der Region zu tun haben. So habe ich in der Lausitz – einer früher sehr armen Gegend – erlebt, dass noch vor wenigen Jahren ein recht wohlhabender Mann ein Schwein für sich und seine Familie schlachtete und die besten Stücke verkaufte. Für sich selbst fertigte er Semmelleberwurst und Grützwurst. Auf den kargen Böden im Norden hingegen hielten sich die Tagelöhner der großen Landwirtschaftsbetriebe vor allem etwas Geflügel. Das gab Eier für den Alltag und die fetten Braten konnte man selbst essen oder verkaufen. Aus dieser Tradition entstand übrigens auch die Pommersche geräucherte Gänsebrust, hier in Ostvorpommern Spickgans genannt. Die Großgrundbesitzer gönnten sich was Gutes und aßen Schinkenmettwurst. In Anhalt, Sachsen und Thüringen führte die frühe Industrialisierung zu Ackerbürgern. So wird im Mansfelder Land seit achthundert Jahren Kupferschiefer gefördert. 1817 waren bereits eintausendzweihundert Bergleute hier beschäftigt. Um die schwere Arbeit zu schaffen, brauchte man gutes und gehaltvolles Essen – man hielt sich Schweine. Die schlachtete man erst selbst. Später spezialisierten sich Fleischer, die es noch heute in größerer Zahl gibt. Hergestellt wird vor allem Kochwurst, wie Leberwurst, Rotwurst oder Schwartenwurst sowie eine – hier Bratwurst genannte – geräucherte Mettwurst im Ring. Eine besondere Spezialität ist das frische Gehackte. Diese Delikatessen fehlen uns im Norden.

Mit völligem Unverständnis mussten wir zur Kenntnis nehmen, dass man hier der Meinung ist, Rosinen wären eine geeignete Zutat für Rotwurst. Kümmel ist vollkommen tabu und wird hier nur getrunken. Aber am meisten leiden wir darunter, dass man hier kein frisches Gehacktes bekommt. Das hier erhältliche Hackfleisch ist manchmal aus tiefgefrorenem Fleisch und muss entsprechend durchgegart werden. Zumindest wird es aus angelieferten Schweinehälften gewonnen. Die guten Fleischer in unserer Heimat schlachten selbst.

Deswegen freuten wir uns nicht nur auf das Wippraer Bier und den „Lehrgang", sondern auch aufs Essen.

Anreise war am Freitag, den 1. Mai. Wegen des Feiertags waren natürlich alle Geschäfte, also auch der Fleischer, geschlossen. Nachdem wir unser Hotelzimmer bezogen hatten, schlenderten wir durch das kleine Städtchen. Das Wetter war toll und die Terrassen der beiden Hotels am Platz luden zum Sonnenbad ein. Ausgeschenkt wurde Wippraer Bier. Wir kosteten schon mal.

Langsam trafen unsere Mitstreiter ein. Meine Schwester und mein Schwager, Hans und Brigitte, Eugen und Bärbel sowie Renate und Manfred. Eugen war Kaminbauer im neuen Wohnort von Hans und Brigitte. Renate und Manfred kamen aus Schwerin und waren interessante Zeitgenossen, die auch schon mal zum Wanderurlaub im Himalaja waren. Mit meinen Jagdstorys konnte ich aber gut mit den Fernreiseberichten mithalten.

Das Abendessen im Hotel war nicht so gigantisch. Aber das Frühstück war ja auch viel wichtiger – frisches Gehacktes.

Dann kam das böse Erwachen: Der Braukurs begann Punkt acht Uhr. Und ein normaler Fleischer öffnet auch erst zu dieser Zeit. Meine Befürchtungen wurden bestätigt. Keine Chance vor acht Uhr an frisches Gehacktes zu kommen.

Das bedeutete: Heute nichts, weil Feiertag war. Morgen nichts, weil wir zum Frühstück nichts bekamen und dann beim Kurs waren. Am Sonntag nichts, weil da alle Läden zu hatten. Und Montag nichts, weil da die Fleischer meist geschlossen haben.

Ich ließ mir meinen Unmut deutlich anmerken. Enttäuscht ging ich zu Bett.

Am nächsten Morgen stand ich kurz vor sechs Uhr auf, um mit unserem Hund Gassi zu gehen. Die neue Umgebung war für die kleine Hundenase unwahrscheinlich interessant. Es dauerte ewig, bis er sein Geschäft erledigt hatte, und so hatte ich mehr als genug Zeit mir die Gegend etwas genauer anzusehen.

Was war das? Ein Fleischerladen, in dem schon Licht brannte. Ich ging näher heran. Öffnungszeiten: Sonnabend ab acht Uhr – ich hab's gewusst. Trotzdem versuchte ich mein Glück und klopfte. Es öffnete eine Verkäuferin, die schon ihre Auslage vorbereitete.

„Wie kann ich Ihnen helfen?"

„Ach wissen Sie, ich habe da ein Problem: Ich stamme eigentlich aus Sachsen-Anhalt, wohne jetzt aber in Vorpommern, und die da oben können kein Gehacktes. Deshalb habe ich mich schon so sehr gefreut, heute welches zu essen. Aber wir gehen um acht zum Braukurs in die Brauerei. Und der Chef vom Hotel hat gesagt, dass er zum Frühstück vor acht kein Gehacktes besorgen kann."

„Aber das ist doch kein Problem, wie viel wollen Sie denn?"

„Ich dachte fünfhundert Gramm."

„Einen kleinen Moment bitte."

Die Verkäuferin verschwand im Laden. Das Mädel war aber auch nett.

„So, bitte schön, das macht zwei Euro fünfzig."

„Danke schön, stimmt so, Sie können sich gar nicht vorstellen, wie viel mir das bedeutet."

Die Verkäuferin strahlte – zwei glückliche Menschen so früh am Morgen.

Als meine Frau und unsere Freunde den Frühstücksraum im Hotel betraten und das Ergebnis meines morgendlichen Handels sahen, war das Hallo groß. Mein Organisationstalent wurde gebührend gefeiert.

Dann ging es zur Brauerei.

Die kleine Wippraer Brauerei hat eine lange Tradition und ist teilweise mit sehr alter Technik ausgestattet. Zu DDR-Zeiten arbeiteten hier dreißig Personen. Nach der Wende wurde die Brauerei mehrfach verkauft. Zuletzt war alles stillgelegt. Das Wippraer Bier wurde in einer anderen Brauerei hergestellt und hatte mit dem ursprünglichen Bier nichts mehr zu tun. Vor einigen Jahren erwarben zwei Magdeburger Brüder das Objekt. Als Seiteneinsteiger übernahmen sie den alten Braumeister, nahmen langsam wieder die Produktion auf und auch die Namensrechte wurden zurückgeholt.

Der Kurs fand in der rustikal umgebauten ehemaligen Lkw-Garage statt. Die vierzig Teilnehmer saßen an vier Zehnertischen. Eine Öffnung in der Wand, hinter der sich ein Tresen befand, ließ darauf hoffen, dass nicht nur theoretisches Wissen vermittelt werden würde. Einer der Eigentümer begrüßte uns und hielt einen einführenden Vortrag über die Bierherstellung. Nach einer reichlichen Stunde wurde die Frühstückspause angekündigt und es gab – frisches Gehacktes. Im Schulungsraum wurde ein mobiler Kühltresen aufgestellt, zwei unterschiedliche Biersorten angeschlossen und jeder konnte sich bedienen. Ab und an erschien der Kursleiter oder einer der Azubis mit einem großen Krug und stellte Spezialitäten vor. Durst musste demnach keiner leiden.

Das Besondere am Wippraer Bier ist seine rötliche Farbe und dass es nicht pasteurisiert wird. Dadurch ist es zwar nicht so lange haltbar wie die üblichen Reaktorbiere und muss immer im Kühlschrank gelagert werden, der Geschmack ist dafür einzigartig. Man bekommt keine Kopfschmerzen und durch die noch vorhandenen Mikroorganismen wird die Darmtätigkeit angeregt.

Nach dem Frühstück ging es dann mit der Besichtigung der Anlagen weiter, bevor wir selbst auch einmal Hand anlegen durften und unsere eigene Maische herstellten. Danach noch ein Vortrag, die Besichtigung der gesamten Museumsbrauerei und die Ermittlung der Qualität der selbst hergestellten Maische. Dazu immer wieder Bier und ausgelassene nette Leute. Der Tag war herrlich!

Und nun hatten uns Hans und Brigitte zu einem Fass dieses wunderbaren Gebräus eingeladen. Hans hatte es persönlich aus Wippra abgeholt. Zur Sicherheit hatte er noch einige zusätzliche Flaschen mitgebracht. Es gab für die Party keinen weiteren Grund als die Absicht gemeinsam das Bier auszutrinken.

Eingeladen waren die zehn Kursteilnehmer und einige Nachbarn, sodass die Aufgabe lösbar erschien. Zum Kaffee gab es wunderbaren selbst gebackenen Kuchen, wir brachten für das Abendessen unsere Wildsuppe mit.

Diese Suppe hat eine lange Geschichte.

Als wir noch in Rostock wohnten, besuchten wir gern den Zoo. Das lag an den Tieren, das lag am herrlichen Rhododendronbewuchs, ganz besonders lag es aber an der Jägerhütte.

Zur damaligen Zeit war Erlebnisgastronomie äußerst selten. Die Rostocker Jägerhütte war eine der wenigen rühmlichen Ausnahmen. An fünf Abenden in der Woche und am Sonntagmittag, lief hier ein sehenswertes und kulinarisch interessantes Programm ab. Das Restaurant war in einem sogenannten „Nur-Dach-Haus" untergebracht. Das heißt, das aus Holzschindeln bestehende Dach war, ähnlich wie bei einer Finnhütte, seitlich sehr weit nach unten gezogen, so dass von Innen die Dachbalken zu sehen waren. An den Außenwänden waren die Tische aufgestellt. Dazwischen war eine freie Fläche, welche auch als Tanzfläche dienen konnte. Ganz in der Mitte stand ein großer gemauerter Herd mit einem beeindruckenden Grill. Der gesamte Raum war mit jagdlichen Antiquitäten und alten Küchengeräten dekoriert. An den Wänden hingen Trophäen, wobei das imposanteste Stück ein Elchschaufler als Brustpräparat, d. h. Träger und Haupt mit Fell und Glasauge, war, der einen Herrenhut trug.

Die Gäste betraten zur Einlasszeit den Gastraum und wurden mit jagdlicher Tonbandmusik empfangen. Alles nahm Platz.

Die nächste Besonderheit – es gab keine Nudeln, keine Kartoffeln oder Ähnliches. Die Beilage war ausschließlich Kümmelbrot. Und das, wo die Mecklenburger keinen Kümmel essen. Zugegebenerweise schmeckte es aber super, zumal es grundsätzlich warm serviert wurde.

Es gab nur eine Vorspeise: Die „Scharf geschossene Rostocker Heidesuppe" – ein Traum!

Dabei handelte es sich um eine leicht gebundene Wildsuppe, welche angeblich mit einer geheimen, aus über zwanzig Kräutern bestehenden Würzmischung abgeschmeckt war. Das Besondere war aber die feurige Schärfe, welche den meisten Genießern bei den ersten Löffeln die Tränen in die Augen trieb. Hatte man sich aber etwas daran gewöhnt, war es nur noch herrlich. Auch die Darbietung der Suppe war originell. Da die Auswahl der Vorspeisen nur aus Suppe oder keine Suppe bestand, wurde eigentlich nicht serviert, sondern verteilt. Zwei kräftige Kellner schleppten einen riesigen Suppentopf in den Gastraum und stellten ihn auf den gemauerten Herd, ein anderer säbelte die Kümmelbrote in große Stücke und verteilte diese schon mal an die wartenden Suppenliebhaber. Dies erledigte er mittels eines großen Brotschiebers, den er möglichst überraschend zwischen die Köpfe der plaudernden Gäste wuchtete. Jeder nahm sich ein Stück. Dann wurde die Suppe in Keramikschüsseln serviert.

Die Anzahl der Hauptgerichte war auch sehr überschaubar. Sie bestanden alle aus einem relativ großen Stück Wild, meist Wildschweinbraten, unterschiedlichen Soßen, Ragout oder Früchten und natürlich wieder Kümmelbrot. Manchmal blies die jagdhornkundige Kellnerschaft auch noch „Sau tot" vor dem Hauptgericht. Nach dem Essen wurde bei den Abendveranstaltungen der Tanz eröffnet. Obwohl die Hauptgerichte alle köstlich waren, ärgerte ich mich am Ende immer, dass ich nicht lieber nur drei Suppen gegessen hatte.

Da ich sehr gerne koche, startete ich damals einige Versuche die Suppe nachzubauen. Bedingt durch die fehlenden Möglichkeiten Wildbret zu erhalten, waren diese aber zum Scheitern verurteilt.

Nun als Jäger war das anders. Und nach dem neuen Vertrag im Bundesforst erst recht.

Wildbret hatte ich genug, denn da ich von dem geschossenen Wild auch vieles Freunden und dem örtlichen Tauschhandel zuführte, hatten sich in meiner Tiefkühltruhe vor allem die sogenannten „minderwertigen" Teile wie Rippen oder Hälse angesammelt, welche sich nicht zum Weggeben eigneten. Also versuchte ich noch einmal mein Glück mit der Rostocker Suppe. Das Ergebnis konnte sich zwar nicht mit dem messen, was wir in der Jägerhütte kennengelernt hatten, aber es kam doch recht nahe an dieses Geschmackserlebnis heran. Seither ist die Suppe fester Eröffnungspunkt der jährlich stattfindenden Herrentagsfeiern auf unserem Hof.

Grundlage der Suppe bildet diverses Wildbret. Alles was so recht keinen attraktiven Braten abgeben würde. Umso mehr Sorten umso besser. Dabei muss man aber aufpassen, dass sich hierbei unterschiedliche Garzeiten ergeben. Das gilt auch, wenn das Wild unterschiedlich alt war (erstes Geheimnis). Die Fleischstücke salzen, pfeffern und in einem großen Bräter mit Butterschmalz scharf anbraten. Grob geschnittene Zwiebeln, Knoblauchzehen und Selleriewürfel mit anschwitzen und mit reichlich Schwarzbier ablöschen (zweites Geheimnis). Alles im Backofen ohne Deckel schmoren, öfters wenden, gegebenenfalls noch etwas Bier, Brühe oder Wasser nachgießen und die jeweils garen Stücke rausnehmen. Ist das Fleisch komplett gar, wird die Brühe durch ein Sieb gegossen. Jetzt kommen reichlich frisch gemahlener Pfeffer, Sambal oelek (drittes Geheimnis), eingelegte geschnittene Jalapeños und Kapern jeweils mit der sauren und salzigen Brühe dazu. Das Fleisch wird von den Knochen gelöst, in Würfel geschnitten und kommt wieder in die Brühe. Reichlich rote Paprikaschoten werden in etwa drei Zentimeter lange Streifen geschnitten und in Olivenöl angebraten. Etwa doppelt so viele kleine braune Champignons werden stückig geschnitten und ebenfalls in Olivenöl gebraten. Kurz bevor sie, ebenso wie die Paprikastreifen, in den Suppentopf gelangen, werden sie noch kräftig mit Majoran überstreut (viertes Geheimnis), so dass sich die Geschmacksstoffe im heißen Öl lösen können. Nachdem die Suppe nochmals abgeschmeckt wurde, kann sie mit etwas saurer Sahne und rustikalem Bauernbrot serviert werden. Geschmackliche Zielstellung ist eine am Anfang erhebliche Schärfe, die nach einigen Löffeln erträglich und rund wird.

Von diesem Teufelszeug nahmen wir etwa zwanzig Liter in einem elektrisch beheizbaren Kessel mit zu unserem Bierfest. Wir kamen am frühen Nachmittag an. Ein großes Partyzelt war bereits aufgestellt. Tische und Bänke, welche von der Gemeinde ausgeliehen waren, standen bereit. Nach einem Begrüßungsbier beteiligten wir uns noch an letzten Vorbereitungen.

Dann kamen die Gäste. Viele nette und interessante Nachbarn, der alte und der neue Bürgermeister und Eugen und Bärbel. Wir freuten uns über das Wiedersehen so sehr, dass wir erst einmal ein Wippraer trinken mussten.

Schließlich wurde gegen Abend nach der warmen Suppe verlangt. Also Kessel an, Brot und saure Sahne verteilt und die Suppe in die mitgebrachten großen Suppenschüsseln verteilt, welche ansonsten dazu dienten, den Hunger der Jäger und Treiber nach der Drückjagd zu stillen. Der Duft wurde schon mal gelobt.

Dann ging es los.

Schweigen setzte ein. Da und dort ein leichtes Hüsteln. Dann ein Hustenanfall. Taschentücher wurden gezückt. Stöhnen. Aber alle aßen weiter.

Erste Stimmen wurden laut.

„Ich dachte schon, du willst das ganze Dorf ausrotten. Aber jetzt geht es."

„Immer schön Brot dazu essen und vielleicht noch etwas Sahne. Erst einmal nichts trinken, davon wird es schlimmer."

„Ja, jetzt ist es schon besser. Die hat es aber auch in sich."

Nur einer zeigte keinerlei Wirkung – Eugen.

Ab dem ersten Schluck war er mit Tunnelblick voll auf die Suppe konzentriert. Löffel für Löffel, wie ein Schweizer Uhrwerk, saugte er das „indianische Pfeilgift" in sich rein. Bald war die Schüssel leer.

„Micha, kann ich noch eine Portion bekommen?"

„Natürlich Eugen." Ich füllte etwas mehr ein.

Wieder dasselbe Spiel. Mit stoischer Ruhe, aber voller Konzentration, Löffel für Löffel. Und schon wieder war die Schüssel leer.

„Also Micha, ich nehme jetzt noch eine Portion, räume aber bitte noch nichts weg. So gegen einundzwanzig Uhr fange ich noch mal an."

„Mensch Eugen, da freue ich mich aber, dass es dir so gut schmeckt."

„Gut schmecken? Ich sage dir, so etwas Gutes habe ich sehr lange nicht mehr gegessen, das letzte Mal als kleiner Junge bei meiner Oma in Ungarn."

Das wussten wir noch nicht. Eugen ein Ungar? Ich schaute ihn mir noch einmal genauer an. Na klar. Kleine, aber kräftige Gestalt. Kräftige, gewellte, jetzt graue Haare, die früher sicher tiefschwarz waren. Und ein kräftiger Schnauzer. Na klar war Eugen ein Ungar. Bei unserer Vorliebe für dieses Land wurde er uns noch sympathischer.

Die Party ging weiter. Das Fass wurde geschafft. Und Eugen bekam um neun seinen Nachschlag. Ich versprach ihm den Rest der Suppe. Er holte ihn sich am nächsten Morgen.

Nahkampf im Wald

„Hast du Hunde dabei? Nicht? Na dann wird das heute bestimmt nichts!"

Wir hatten das erste Jahr unseren neuen Begehungsschein mit Wildbretübernahme im Bundesforst und die große revierübergreifende Drückjagd stand an. Wie vereinbart war ich für die Organisation und somit auch für die Treiber zuständig. Neben einigen jungen Burschen aus dem Dorf hatte ich Lothar – Ottos Schwiegersohn – und Jürgen, einen guten Freund, als Edeltreiber gewinnen können. Sie sollten die Treiberwehr leiten.

Ich hatte mir das alles schön ausgedacht. Die Jagdgäste waren eingeladen und in Gedanken schon nach Alter und Fähigkeiten auf die Stände verteilt. Kurt sollte in der rechten und ich in der linken Hälfte des Reviers anstellen. Jeder Gast sollte sich wohlfühlen, möglichst Anblick haben und sich wenn möglich an der Abschussplanerfüllung beteiligen. Kurt und ich hatten zwar seit Beginn des Jagdjahres einiges erlegt, der vorgegebene Plan, welchen ich ja schon bezahlt hatte, war allerdings noch lange nicht erfüllt. Die große Drückjagd sollte uns entscheidend voranbringen.

Ich fuhr mit Lothar durchs Revier. „Also pass auf Lothar, die Orientierung im Revier ist ganz einfach. Das ist hier wie in New York. Es gibt drei längs und vier quer verlaufende Wege wie die Streets und Avenues. Nur ein Weg tanzt aus der Reihe und geht schräg durchs halbe Revier. Ihr beginnt hier, stellt euch auf diesem Weg an und startet Punkt zehn Uhr in diese Richtung. Nach etwa dreihundert Metern kommt ihr an einen Weg. Da fahren wir jetzt mal hin. So, der Weg wäre jetzt falsch, das ist der schräge. Ihr müsst bis hierher. Dann geht ihr noch mal etwa fünfhundert Meter und ihr kommt an den Mittelweg. So da wären wir. Anschließend lauft ihr den Mittelweg nach rechts, stellt euch in diese Richtung an und drückt die Dickung durch. Ihr kommt wieder am Ausgangsweg an. Nur weiter oben. Dann geht ihr wieder nach rechts bis hierher und drückt das Stangenholz durch. Vorsicht, da ist wieder der schräge Weg. Dann kommt ihr wieder auf dem Mittelweg an, geht nun nach rechts und stellt euch an derselben Stelle auf, nur jetzt andersrum. Ihr lauft dann bis zu diesem Buchenbestand, schwenkt nach links und treibt dort runter. Dann kommt ihr hier an und schwenkt wieder nach links. Wenn ihr dort an dieser Stelle angekommen seid, dann geht ihr mal kurz da unten diese Ecke durch, das ist ein verlandeter See, da sind bestimmt die Sauen. Ihr müsst aber dann wieder zurückkommen und wieder hier weitermachen. Ihr kommt dann wieder an den Mittelweg. Den geht ihr nach links, bis ihr an dieser Ecke ankommt. Nun sind die beiden Dickungen dran. Die geht ihr einmal von vorn nach hinten und dann von rechts nach links durch. So, nun zurück zum Mittelweg. Jetzt geht ihr nach rechts, am Ende des Weges schwenkt ihr nach links und drückt den Bestand bis zu der Anpflanzung durch. Dort ist der Zaun kaputt, da müsst ihr auch noch rein. So, alles klar? Ach so, das hätte ich ja fast vergessen. Diese Reihenfolge gilt natürlich nur bei Westwind. Bei Ostwind fangt ihr natürlich das Ganze von hinten an."

„Micha, kannst du mir einen Gefallen tun?"

„Na klar Lothar."

„Lass mich das nicht alleine machen. Wenn du nicht zukünftig für meine Frau und meine Kinder sorgen willst, weil ich für immer verloren gegangen bin, musst du mitkommen."

Ich verstand nicht – das war doch so einfach!

Da die Abfolge des Treibens sehr wichtig war, freundete ich mich mit dem Gedanken an, selbst das Treiben zu leiten. So stand ich nun kurz vor zehn mit meiner Treiberwehr am Ausgangspunkt. Ich in der Mitte und Lothar und Jürgen am linken und rechten Flügel. Alle waren eingewiesen: dreihundert Meter bis zum geraden Weg und den schrägen nicht beachten.

Punkt zehn Uhr gab ich das Startzeichen und die Dorfjugend rannte unter lautem Gejohle los. So ein Mist. Die machten denselben Fehler wie ich bei meiner ersten Treibjagd. Am Weg wollte ich noch mal alles erklären. Ich kam am ersten Zielpunkt an. Rechts neben mir – nur Jürgen. Wo sind denn die anderen zwei? Links ist überhaupt keiner. Ich rief zu Jürgen rüber und fragte, ob er wüsste, wo die anderen seien – Schulterzucken.

Die stehen bestimmt alle am schrägen Weg, dachte ich mir und lief etwas nach links zur Kreuzung. Und so war es auch. Kaum war ich an der Kreuzung angekommen und konnte den schrägen Weg einsehen, sah ich den Rest der Treiberwehr stehen. Der linke Flügel war am falschen Weg stehen geblieben und der Rest vom rechten Flügel war über den richtigen hinweg, auch zum schrägen gegangen.

Ich schrie und ruderte mit den Armen, aber keiner reagierte. Also lief ich los und sammelte meine Pappenheimer ein. Unterwegs schulte ich nochmals alle hinsichtlich des richtigen Treiberverhaltens.

Als ich wieder auf meinen Platz kam und zu Jürgen schaute, traute ich meinen Augen nicht. Neben Jürgen saß ein Deutsch-Drahthaar.

„Sag mal, wo hast du denn auf einmal den Hund her?"

„Zugelaufen. Der denkt sicher wir gehören zusammen, weil ich auch so eine schöne orange Warnweste an habe wie er. Stimmt's mein Kleiner?"

„Na, vielleicht bleibt er bei uns, da wird sich Uwe aber wundern, wenn wir plötzlich doch einen Jagdhund zum Stöbern haben."

Und weiter ging es. Da sich inzwischen alle Treiber ordnungsgemäß verhielten, konnten wir sehen, wie vor uns Rotwild aufstand. Wir hörten die ersten Schüsse, die eindeutig aus unserem Revier kamen. Das stimmte uns hoffnungsvoll.

Kurz bevor wir den Mittelweg erreichten, hörten wir spitzes Bellen. Zwei Jagdterrier stürzten auf uns zu und freuten sich, dass sie gleichgesinnte Kumpane getroffen hatten. Ich sprach sie an und liebelte sie ab. Ab dem Moment folgten sie uns. Wir stellten uns erneut an, um eine Kieferndickung durchzudrücken. Ich feuerte die Terrier zum Stöbern an. Plötzlich giftiger Hatzlaut und ich sah, wie einige Schwarzkittel vor den Hunden flüchteten.

„Aaaaaaachtung, Schweine!"

In der nächsten Schneise stand Roland – ein guter und schneller Schütze.

Rums! – Und noch mal – Rums!

Nun aber schnell zum Ort des Geschehens.

„Und Roland, was kam denn und hast du getroffen?"

„Das waren vier Überläufer. Einen müsste ich getroffen haben. Den anderen habe ich unterschossen. Hier ist die Kugel in den Boden gegangen. Der erste dürfte aber nicht weit kommen."

„Der Hund hat das Schwein! Schnell, hier muss jemand herkommen", hörte ich Jürgen rufen. Ich lief hin. Als mich Jürgen sah, zeigte er in Richtung zweier kleiner Fichten. Davor stand bewegungslos der Überläufer. An seinem Teller hatte sich einer der beiden Jagdterrier verbissen. Was konnte ich tun?

Seit Kurzem war es aus Sicherheitsgründen verboten, als Treiber eine Waffe mitzuführen. Andere Jäger sahen das zwar nicht so eng und nahmen ein Gewehr mit, luden die Patronen dann aber erst im Ernstfall. Mit meinen wenigen Jahren Jagderfahrung und außerdem im Bundesforstrevier hatte ich mich das aber nicht getraut. Nun stand ich ohne Waffe da. Ich musste Hilfe holen.

Schnell lief ich auf den nächsten Weg und rief nach einem Schützen. Es meldete sich Uwe. Als er bei mir ankam, erklärte ich ihm die Situation.

„Die Hunde haben Sauen hochgemacht, Roland hat eine angebleit und nun hängt der Hund am Teller. Dort hinten stehen sie."

„Kannst du mir erklären, wie ihr plötzlich zu einem Hund kommt?"

„Wieso ein Hund? Wir haben drei. Du hast doch gesagt, dass es ohne Hunde nicht geht. Aber das erzähle ich dir später."

Wir kamen bei Schwein und Hund an. Uwe nahm seine Waffe hoch und versuchte eine Möglichkeit für den Fangschuss zu finden. Das Problem war der Hund, den Uwe mit dem Schuss nicht gefährden wollte.

„Pfui, aus, mach dich weg!"

Der Hund hatte sich verbissen und machte keine Anstalten das Schweineohr loszulassen. Dabei hing er mit allen vier Läufen in der Luft.

„Pfui, Mensch lass doch los, aus!"

Plötzlich starteten Schwein und Terrier in meine Richtung. Da ich sowieso nicht schnell genug wegkam, versuchte ich es umzutreten, was aber misslang. Etwa fünfzig Meter weiter blieb das Wildschwein wieder stehen. Wir hinterher.

„Pfui, aus!" Uwe kam nicht zum Schuss.

Wir gingen näher heran. Nun setzte sich der Schwarzkittel in Richtung Uwe in Bewegung, der krampfhaft versuchte einen Schuss loszuwerden, ohne den Hund zu gefährden. Als das Schwein nur noch wenige Schritte von Uwe entfernt war, warf der seine Waffe beiseite und stürzte sich mit einem mächtigen Satz auf Schwein und Hund.

„Komm her und hilf mir!"

Ich war schon unterwegs. Gemeinsam drückten wir den Überläufer nieder und hielten seine Läufe fest. Uwe zückte ein großes Jagdmesser und fing das Schwein ab.

Geschafft!

Der Terrier hatte sich auch mit am Niederringen beteiligt. Nun saß er stolz neben seiner Beute.

Und weiter ging das Treiben. Um uns herum knallte es ständig. Die Hoffnung auf eine gute Strecke wuchs. Einige Schützen berichteten, dass mehrere Schweine und auch Rotwild gefallen seien. Auch die Treiberwehr vergrößerte sich weiter. Es liefen uns weitere zwei Terrier zu. Leider war einer verletzt. Jürgen brachte ihn zum Sammelplatz.

Ein Treiben führte an der Reviergrenze entlang und endete an einem Waldweg, der uns von unseren Nachbarn trennte. Dort wartete eine Treiberwehr aus diesem Revier. Ich kannte keinen. Alle hatten breitkrempige Hüte auf und trugen Hundeleinen um den Hals.

Da ich möglichst schnell den Führer des verletzten Hundes informieren wollte, fragte ich nach. „Vermisst hier jemand seinen Hund?" Ein vielstimmiges „Jau", kam zur Antwort. Der Besitzer unseres kranken Terriers war aber nicht dabei.

Vor dem Schüsseltreiben an der Jagdhütte fasste Uwe den erfolgreichen Jagdtag zusammen. Insgesamt wurden in unserem Revier zwei Stück Rotwild, ein Stück Damwild, fünf Schweine und ein Reh gestreckt. Die Schüsse waren meist gut und Nachsuchen nicht notwendig. Auch den Treibern wurde gute Arbeit bescheinigt. Entsprechend ausgelassen ging der Tag zu Ende. Jeder hatte etwas zu erzählen und besonders Uwe musste immer wieder über seine Nahkampfeinlage berichten.

Nach und nach wurden auch unsere vierläufigen Jagdhelfer von ihren Herren, die wir dank der im Halsband notierten Handynummern informieren konnten, abgeholt. Auch der verletzte Hund kam bald in gewohnte Obhut.

Die Strecke war unerwartet hoch. Wir waren bei der Planerfüllung entscheidend vorangekommen. Da wir nicht alles selbst verwerten konnten, verkauften wir einige Stücke an die Schützen und an den Wildhändler. Nur ein Schwein und das Reh behielten wir. Unsere Freunde aus Halle, mit denen wir jedes Jahr Silvester feierten, freuen sich immer über eine Wildschweinkeule. Der Rehrücken wurde sofort für Heiligabend verplant.

Als ich vor Jahren mit der Zubereitung von Wild begann, sagte man mir, dass der Rehrücken das allerbeste Stück sei. Mit hohen Erwartungen bereitete ich meinen ersten Rehrücken wie vorgeschrieben zu. Er wurde pariert und in Rotwein eingelegt. Dann wurde er mit Speck gespickt, gewürzt und scharf angebraten. Anschließend wurde er unter Zugabe des Rotweines lange geschmort. Ich hatte gelesen, dass Wild grundsätzlich total durchgegart werden müsse, um alle Keime und Bakterien zu vernichten. Im Ergebnis war das Fleisch total trocken. Ich war enttäuscht. Ab diesem Versuch behielt ich lieber die Rehkeulen, die mir besser gelangen, und gab die Rehrücken ab.

Der Misserfolg ließ mich nicht ruhen. Wieso musste alles Wild durchgegart werden? Bei Wildschweinen, also Allesfressern, verstand ich das ja, aber bei den reinen Pflanzenfressern? Sicher fehlte bei der Erlegung die tierärztliche Untersuchung, aber das Notwendige, um einzuschätzen, ob das Tier gesund war, hatte ich beim Jägerlehrgang gelernt. Vielleicht sollte ich es doch mal mit Kurzbraten versuchen.

Seither bereite ich Rehrücken nur noch folgendermaßen zu: Der parierte Rehrücken wird vorsichtig vom Knochen gelöst. Die langen Lachse werden praktischerweise je einmal durchgeschnitten und gemeinsam mit den Filets mit grobem, frisch gemahlenem Pfeffer gewürzt. Anschließend werden sie in Haushaltsfolie eingewickelt und kühl gestellt. Für die Soße wird der Rückenknochen in kleine Stücke gehackt und scharf in Butterschmalz angebraten. Dann kommen einige Knoblauchzehen, Zwiebel- und Selleriewürfel sowie eingeweichte getrocknete Pilze dazu. Alles wird noch mal ordentlich durchgeschwitzt und mit Rotwein abgelöscht. Das Ganze muss etwa zwei Stunden köcheln. Dann wird die Soße durch ein Sieb gegossen, abgeschmeckt und nach Bedarf etwas angedickt. Nun wird das Fleisch ebenfalls in Butterschmalz scharf angebraten. Anschließend kommt es bis zum Erreichen des gewünschten Garpunktes in den achtzig Grad warmen Backofen. Angerichtet wird es in ca. einen Zentimeter dicken Scheiben auf dem Soßenspiegel. Wir essen dazu ein wenig Spargel und scharf gebratene Champignons sowie Kroketten. Über das Gemüse kommt noch etwas Hollandaise. Auf diese Art zubereitet schließe ich mich der Aussage, dass der Rehrücken das allerbeste Stück ist, vorbehaltlos an.

Es war wieder ein Jahr vergangen und die nächste Drückjagd stand an.

Neben Kurt und Uwe fungierte Jan als Anstellschütze. Ich musste wieder das Treiben leiten. Unsere Treiberwehr war stark dezimiert. Die dörfliche Jugend hatte am Abend vorher Händel auf dem Greifswalder Weihnachtsmarkt gesucht und war in dessen Ergebnis entweder verletzt oder noch auf der Polizeiwache. So bestand die Wehr nur aus Lothar, Jürgen und mir.

Das machte aber nichts, denn ich hatte mir einen Hund besorgt. Don war ein abgezockter Deutsch-Drahthaar-Rüde mit viel Erfahrung beim Stöbern. Sein Führer gab ihn uns unbesorgt mit, sein Hund würde immer bei der Treiberwehr bleiben.

In den langen Wintermonaten hatte ich noch oft an Uwes Heldentat gedacht und mir die Frage gestellt, ob ich den Mut und das Geschick zum Abfangen eines Schweins gehabt hätte. Aber egal ob ich mich das getraut hätte oder nicht, ich hatte ja nicht einmal so ein Messer. Unter mitleidigem Lächeln meiner Frau wälzte ich mal wieder die Jagdkataloge. Nach eingehenden Vergleichen entschied ich mich für ein Messer mit ausreichender Klingenlänge und stabiler Parierstange. Nach der Lieferung wurde ich dann doch wieder unsicher, ob ich es zum Treiben mitnehmen sollte. Es war schon sehr lang und ich wollte nicht wie Ritter Runkel durch den Wald laufen. Ich nahm es trotzdem mit, befestigte es aber an einem Gürtel, den ich unter der Wachsjacke trug. So war es nicht zu sehen.

Das Treiben begann.

Don war tatsächlich ein hervorragender Stöberhund. Seine Arbeit war bemerkenswert. Ich hatte so etwas noch nicht gesehen. Wir drei Treiber gingen relativ weit voneinander entfernt durch den Bestand und der Hund stöberte, ab und zu Laut gebend, etwa dreißig bis fünfzig Meter vor uns her. Dabei wechselte er ständig die Flügel, so dass wir sicher sein konnten, dass alles in diesem Bereich auf die Läufe kam. Bemerkte er Wild, so ging er in diese Richtung, wobei er maximal dreimal Laut gab. Dann kam er wieder zurück. So kam Bewegung in das Treiben, ohne dass das Wild hochflüchtig wurde. Die Schützen hatten gute Chancen ordnungsgemäß anzusprechen. Das war eine völlig andere Arbeitsweise als die der Stöberhunde im vergangenen Jahr, die laut, schnell und weitab von ihren Herrn jagten.

Nach etwa einer Stunde wollten wir die Revierseite wechseln, als uns ein Schütze Zeichen gab. Ich ging zu ihm. Er sagte, dass ein großes Rotwildrudel vor uns her, dann aber mit dem Wind nach links in das Altholz gezogen sei. Dort würde es noch stehen, mit dem Fernglas könne er ab und zu ein Stück erkennen.

Das war eine Aufgabe. Wir befanden uns nahe an der Reviergrenze und natürlich wollte ich nicht, dass das angerührte Wild gleich zu den Nachbarn wechselt. Trotzdem – der Versuch musste gemacht werden! Wir bewegten uns leise und vorsichtig in die angezeigte Richtung. Den Hund hatten wir sicherheitshalber an der Leine. Nach etwa einhundert Metern konnten wir die ersten Stücke sehen. Nun bewegten wir uns vor dem Rudel auf einem Weg in Richtung Reviergrenze.

Jürgen blieb stehen und sollte auf mein Zeichen warten. Nach etwa zweihundert Metern blieb ich mit Don stehen. Lothar ging nochmals zweihundert Meter bis fast an die Reviergrenze. Bei diesem Tun wurden wir die ganze Zeit argwöhnisch von dem etwa einhundertfünfzig Meter entfernt stehenden Rotwild beäugt.

Nun galt es: Ich gab Lothar ein Zeichen, worauf er leise, langsam und vorsichtig quer zum Weg vorwärts ging, um dem Rudel den Weg abzuschneiden. Das Rotwild, das sich bisher auf Don und mich konzentriert hatte, orientierte sich sofort um und beobachtete Lothar. Als Lothar seitlich etwa auf gleicher Höhe mit dem Wild war, ging ich mit Don in Richtung Lothar und Jürgen folgte mir, den alten Abstand einhaltend. Nun wurde das Rudel unruhig. Jetzt musste es möglichst sanft in Bewegung gebracht werden. Sollte ich den Hund schnallen?

Ich riskierte es.

Was dann kam, war nicht zu fassen. Obwohl Don ständig das Rudel gesehen hatte, reagierte er absolut souverän. Er bewegte sich lediglich etwa dreißig Meter in Richtung Lothar, um die Lücke zwischen uns zu verkleinern, und gab dreimal Laut.

Das Rotwildrudel setzte sich in Bewegung. Langsam und in die für uns richtige Richtung. Es war ein toller Anblick. Etwa fünfundzwanzig Hirsche und Tiere aller Altersklassen. Auch ein alter Hirsch war dabei. Wir hatten es geschafft. Fast alle Schützen sahen das Rudel, aber leider kam keiner zum Schuss. Das Rotwild zog zwar langsam, aber dicht gedrängt durch das Revier, so dass keiner einen sicheren Schuss anbringen konnte.

Das Treiben ging weiter.

Wir kamen an einem Schützen vorbei, der zwei Rehe geschossen hatte. Der Streckenplatz würde also zumindest nicht leer bleiben.

Dann trafen wir auf Jan.

„Na, hast du was gesehen?"

„Ja, ich sehe es immer noch! Da hinten liegt ein kleiner Überläufer. Der kam mit einer ganzen Rotte. Einen zweiten habe ich auch noch beschossen. Der zeichnete auch, blieb aber nicht liegen. Da werden wir nachher nachsuchen müssen."

„Das machen wir nach der Jagd, Roland hat seinen Dackel mit."

Zu den zwei Rehen kam also zumindest noch ein Schwein. Vielleicht auch zwei. Das hörte sich doch schon ganz gut an. Die Strecke vom Vorjahr würden wir zwar nicht erreichen, aber die war ja auch außerordentlich.

Um uns herum knallte es in den anderen Revieren noch gehörig, während bei uns Ruhe eingekehrt war. Wir trieben die Reviergrenze entlang, doch Wild war nicht mehr zu sehen. Nur noch einmal mussten wir umsetzen, bevor wir fast das ganze Revier durchgestöbert hätten.

Ich leinte den Hund an und wartete auf meine zwei Mitstreiter. Gemeinsam liefen wir zum Ausgangspunkt des nächsten und letzten Treibens. Wir schlenderten gemütlich auf einem Waldweg und erzählten, was wir gesehen hatten. Auf unsere Rotwildaktion waren wir natürlich besonders stolz.

Plötzlich raschelte es links von uns. Etwa fünfzehn Meter von uns entfernt wechselte zügig ein Überläuferkeiler über den Weg, der aber nicht sehr gesund aussah. Sollte das Jans zweites Schwein sein? Die Richtung könnte stimmen.

Ich schnallte den Hund!

Der Keiler flüchtete in einen Haufen zusammengeschobener, gerodeter Baumwurzeln. Der Hund hinterher.

„Bist du denn verrückt! Du kannst doch den Hund nicht schnallen! Was willst du denn jetzt machen! Du hast keine Waffe mit und hier steht keiner! Verfluchter Mist!", fluchte Jürgen.

Ich öffnete die Wachsjacke, drehte das Messer am Gürtel nach vorn und zückte die böse Klinge.

„Aaaaaah!"

Das Messer in der Hand kletterte ich auf den Wurzelberg. Jürgen kam mit einem Knüppel in der Hand hinterher.

Da unten standen die beiden.

Don hatte das Schwein am Teller, welches immer wieder in Richtung Hund zu schlagen versuchte, der in dem Gestrüpp kaum Ausweichmöglichkeiten hatte.

Jetzt musste etwas passieren!

Ich lasse mich von oben mit den Knien auf den Keiler fallen, so dass der umgeworfen wird, und packe den zweiten Teller.

Jürgen schiebt indes dem Schwarzkittel seinen Knüppel ins Gebrech.

Ich fange das Schwein mit einem Stich hinter das Blatt ab!

Das Schwein zuckt – Don verliert seinen Teller – will bei meinem Teller nachfassen – und beißt mir in den Daumen.

Ich schaue den Hund an – er schaut mich an – er öffnet seinen Fang – ich ziehe meinen Daumen heraus – der Hund fasst wieder am Teller zu.

War wohl eine andere Blutgruppe!

Auf der Strecke lagen letztendlich drei Rehe und die zwei Schweine. Jan als Schütze und ich als Treiber erhielten je einen Schützenbruch.

Bei mir wäre die Nahkampfspange wohl angebrachter gewesen.

Winteridylle in Ostvorpommern

Unsere Hunde

Auf dem Dorf bellt vor fast jedem Hof ein Hund. Wir wollten auch einen. Einen Hund und eine Katze. Die Katze kam zuerst. Oskar, einen noch jungen, rot getigerten Kater, holten wir aus dem Tierheim in Greifswald. Damit sich Hund und Kater einigermaßen verstehen, musste so schnell wie möglich auch ein Welpe her.

Wir hatten uns für einen Rauhaardackel entschieden. Dass es sich hierbei um einen Jagdhund handelte, wussten wir. Da wir damals aber noch nicht jagdlich aktiv waren, spielte das für uns keine Rolle. Wir fanden diese Hunde einfach nur niedlich und weil es unser erster Hund war, wollten wir auch mit einer kleineren Rasse beginnen. Außerdem hatten wir die Möglichkeit, einen Hund aus erprobter Zucht zu erhalten. Ein Hamburger Kollege von mir hatte zwei Dackel vom selben Züchter und war von den Hunden begeistert. Er bereitete die Hundeübernahme auf beiden Seiten des Handels vor.

Das war sehr wichtig. Wir wollten mit möglichst großer Sicherheit einen Hund, der zu uns passt. Also gesellig, möglichst ruhig, wenig aggressiv und natürlich gesund. Das konnte mein Kollege durch die Erfahrungen mit seinen Hunden bestätigen. Viel wichtiger war es aber die Züchter zu überzeugen, dass wir es wert waren, einen ihrer Hunde zu bekommen.

Ich war einmal anwesend, als mein Chef mit einem Züchter telefonierte. Er hatte geheiratet, war aufs Land gezogen und seine Frau wünschte sich einen Golden Retriever. Auf das examinierende Telefonat hatte er sich gut vorbereitet und hoffte erfolgreich abzuschneiden:

„Hallo, ja der bin ich. Ja natürlich bin ich noch interessiert. Nein, natürlich sind wir noch interessiert. Ich bin verheiratet. Das geht alles ganz einfach, wir haben auf dem Hof einen Zwinger. Ach – der Zwinger ist aber groß. Wirklich sehr groß. Na ja, dann nehmen wir ihn natürlich mit ins Haus. Auslauf hat er bei uns. Und wie. Bis zum Horizont. Doch, doch wir haben einen Zaun, der ist nur noch nicht fertig. Ja wenn wir uns beeilen. Meine Frau ist immer zu Hause, das kann ich ihnen versichern. Zum Einkaufen kann er doch mitkommen, oder? Einen Polo. Ja, ja wir wollten sowieso ein größeres … Ja, natürlich wird das ein Kombi. Einen Teich haben wir auch im Dorf. Na Trinkwasserqualität hat er nicht gerade. Es ist aber nicht weit bis zur Ostsee."

Ich bin mir ziemlich sicher, dass mein damaliger Chef den Hund nicht bekommen hat.

Wir hatten diese Probleme nicht, denn wir waren Nießnutzer der Reputation meines Kollegen.

Endlich war es so weit. Wir hatten den Abholtermin vereinbart und klingelten an der Reihenhaustür des Hamburger Züchters. Ein etwas älterer Herr öffnete.

„Sind Sie der Dackelzüchter? Wir waren angemeldet und wollen uns einen Welpen aussuchen."

„Nein ich züchte nicht, sondern meine Frau. Ich bin hier nur der Leidtragende."

Im Haus begrüßte uns die Züchterin mit einem strahlenden Lächeln. Das verstanden wir sofort, als uns die Welpenschar im Wohnzimmer begrüßte. War das drollig, niedlich – ach, wir wussten gar nicht, was wir sagen sollten. Die kleinen Hunde mit ihren Kulleraugen und dicken schwarzen Nasen waren nur etwas größer als meine Hand. Vier von ihnen stürzten sich sofort auf meine Schuhe und zogen mit kämpferischem Geknurre so lange an den Schnürsenkeln, bis diese offen waren. Meine Frau wollte gleich alle einpacken. Dann wurde uns der Welpe gezeigt, den wir mitnehmen durften. Es war ein Rüde mit Namen Xaver vom Feuerberg. Er war mit Abstand der größte Hund aus dem Wurf. Den Grund für seine Größe erfuhren wir auch gleich – er hatte einen außerordentlichen Appetit. Die Züchterin meinte der Hund würde zu mir passen. Hatte mein Kollege etwas über meine Figur geplaudert?

Wenn die Kleinen Futter bekamen, erfolgte dies für alle aus einem gemeinsamen Napf. Nur Xaver bekam eine extra Schüssel im Nebenzimmer, um seinen Geschwistern nicht alles wegzufressen. Wir waren mit der Auswahl mehr als einverstanden. Nur der Name erschien uns etwas zu elitär.

Da hatte meine Frau eine Idee: Die Züchterin hatte den kleinen Rabauken, ob seiner schon leicht erkennbaren Leibesfülle, häufig Wurstel genannt. Da der Hund auf diesen Kosenamen schon reagierte, tauften wir ihn – da das ähnlich klang – Wastel.

Auf der langen Fahrt nach Wrangelsburg saß unser neues Familienmitglied auf Karlos Schoß und war zufrieden. Angekommen, untersuchte er erst einmal sein neues Zuhause. Da der kleine Kater Sicherheitsabstand einhielt, ließ er diesen links liegen und machte bald deutlich, dass seine Essenszeit herangekommen war.

Die Züchterin hatte uns, neben vielen wichtigen Hinweisen, zwei Dosen seines Lieblingsfutters mitgegeben. Davon sollte unser Hund je Mahlzeit einen genau abgemessenen Teil erhalten. Wir hielten die Regel ein und stellten den Futternapf vor seine Nase.

Nach fünf Sekunden war alles aufgefressen. Uns schauten zwei flehende Dackelaugen an. Na das konnte ja noch was werden.

Da wir hart blieben, suchte sich Wastel im Hauswirtschaftsraum eine Ecke aus, wir stellten sein Körbchen auf und unser Kleiner erholte sich von dem ereignisreichen Tag.

Wenn jemand Kontaktprobleme hat, sollte er sich einen Hund zulegen. Hat einer große Kontaktprobleme, dann sollte er einen Dackel nehmen. Sind die Kontaktprobleme extrem, hilft nur ein Dackelwelpe.

Wir kennen solche Probleme nicht, aber wer uns bei unseren Spaziergängen alles ansprach, um den kleinen Hund zu herzen und zu knuddeln, war erstaunlich.

Es hielten uns die größten Stiesel an, um sich auf die Knie fallen zu lassen und Wastel mit „Ei, ei, ei mein Kleiner, du, du, du, ist er nicht ein Lieber", zu wuscheln. Anschließend wurde die gesamte familiäre Hundevergangenheit aufgedröselt, bis wir alles über die Vorzüge der einzelnen Hunde – bis hin zum Spielhund des kindlichen Urgroßvaters – wussten.

Wastel war ein sehr liebenswerter Hund. Anhänglich, liebesbedürftig und äußerst umgänglich. Die berühmte Dackelsturheit war jedoch auch zu erkennen. Wir gingen gern im Wrangelsburger Wald spazieren. Jetzt musste natürlich der Hund mit. Anfänglich wählten wir kurze Routen, um die kurzen Dackelbeine nicht zu überfordern. Nach einigen Wochen meinte meine Frau, es sei an der Zeit, dass Wastel die Seerunde mitmacht. Das waren etwa vier Kilometer. Also zogen Karlo, meine Schwiegermutter und der Hund los.

Alles fing ganz normal an. Der Hund wuselte freudig schnüffelnd an langer Leine und zeigte keinerlei Ermüdungserscheinungen. Nach etwa der Hälfte der Strecke änderte sich das jedoch schlagartig. Er kannte bisher nur Hinweg – Umkehren – Rückweg und war der Meinung, dass jetzt Umkehren an der Reihe sei. Er konnte ja nicht wissen, dass er auf diesem Weg – ohne Umkehr – auch in absehbarer Zeit zu seinem Futter kommen würde.

Also Streik.

Der Dackel blieb stehen und rührte sich nicht von der Stelle. Alles Zureden, Locken und Leineziehen half nichts. Wastel wollte nicht mehr. Meine Frau nahm den Kleinen auf den Arm und trug ihn ein Stück. Vielleicht würde er sich erholen.

Nach einigen hundert Metern der nächste Versuch: Wieder bewegte sich der Hund keinen Millimeter.

Also weitertragen.

Langsam wurde der Dackel schwer. Meine Schwiegermutter bot sich an, die faule Last für ein Stück zu übernehmen. Karlo freute sich, Wastel aber gar nicht. Er drehte und sträubte sich auf dem Arm meiner Schwiegermutter, so dass diese Angst hatte den Hund zu verlieren. Wastel wollte nur von der Chefin getragen werden, und zwar bis vor den Futternapf.

Als ich mit der Jägerei anfing, stand natürlich die Frage im Raum, ob wir den Dackel jagdlich nutzen könnten. Er war zu diesem Zeitpunkt aber schon älter als drei Jahre, so dass Brauchbarkeitsprüfungen nicht mehr möglich waren. Trotzdem testeten Otto und ich Wastels Anlagen. Hinter unserem Gartenzaun war damals ein Getreidefeld. Otto hatte ein totes Kaninchen mitgebracht und wir legten eine Schleppe aus unserem Garten, durch das Gartentor bis etwa einhundert Meter ins Feld und versteckten den Stallhasen.

Dann setzten wir Wastel ohne Leine an.

Der Hund schnüffelte sofort interessiert und folgte der Spur ins Getreidefeld, wo er naturgemäß nicht mehr zu sehen war.

„Er ist nicht spurlaut, das ist nicht gut", bemerkte Otto. Ich ging Wastel nach. Nach wenigen Augenblicken fand ich ihn. Aufrecht und stolz saß er vor dem Kaninchen. Er bellte nicht, er beutelte nicht, er saß nur vornehm da – eben ein Hanseat.

In der Jagdhütte tagte jeden Sonntagvormittag der Ostvorpommersche Dackelclub.

Das heißt, ab etwa zehn Uhr saßen einige meist ältere Herren in der Runde, jeder einen Dackel auf dem Schoß, und hauten sich mit Jägerlatein die Taschen voll.

Man konnte dabei sehr viel lernen.

Da auch Nichtklubmitglieder, vorausgesetzt sie gaben eine Runde, zugelassen waren, gönnte ich mir mit Otto manchmal das Vergnügen dieses Frühschoppens. Eines Tages erwähnte ich in dieser Runde meinen Hund, was zur Folge hatte, dass augenblicklich ein Dackelklubaufnahmeformular über den Tisch flatterte.

Ich trat ein.

Am nächsten Sonntag saß ich genau wie meine neuen Klubkameraden in der Hütte. Wastel erregte mit seiner erheblichen Größe deutliches Aufsehen sowohl bei den Züchtern als auch den anwesenden Dackeldamen, welche schon untereinander die Reihenfolge der Deckakte ausbellten.

„Hat der auch Papiere?", fragte der vorpommersche Dackelklubvorsitzende streng.

„Aber natürlich!", antwortete ich. „Die Ahnentafel ist lang wie beim hiesigen Landadel. Und alle haben sehr gut oder sogar vorzüglich."

Ein Raunen ging durch die Hütte. Die Dackeldamen schauten noch interessierter.

„Dann bring das Ding nächste Woche mal mit", sagte freudig erregt, ob der unerwarteten Blutauffrischung der Vorsitzende.

Am nächsten Sonntag legte ich voller Stolz Wastels Ahnentafel vor. Der Vorsitzende beugte sich darüber. Die Hälse der Züchter und Dackelinen wurden immer länger.

„So ein Mist! Gergweis e. V.! Die sind vor vielen Jahren aus dem Jagdgebrauchshundverband ausgetreten und machen jetzt einen auf Schönheitszucht. Wenn du mit dem bei uns mitzüchten willst, musst du ihn dort ab- und bei uns anmelden. Dann kriegst du aber nur eine Nummer und die ganze schöne Ahnentafel ist hin."

Die Züchter und Dackeldamen drehten sich desinteressiert ab.

„Tja Wastel, mit der Fortpflanzung wird es wohl nichts. Da bist du in der falschen Partei."

Auch bei der Ernährung unseres Hundes machten wir damals viel falsch.

Der erste Fehler war, dass Wastel so manches Leckerli vom Tisch bekam. Das merkte sich der kluge Hund natürlich sehr schnell. Man kann sich gar nicht vorstellen, wie schwer es ist, einem bettelnden Dackelblick zu widerstehen. Als wir der Lage nicht mehr Herr wurden, versuchte meine Frau ihm die Bettelei mit dem Zitronentrick abzugewöhnen. Dieser besteht darin, dass man dem Hund, wenn er gerade seinen Teil vom Familienessen fordert, anstatt der erwarteten Bratwurstscheibe, ein Stück Zitrone verabreicht. Und zwar so schnell, dass er den „Braten" nicht vorher riecht. Der kleine Fresssack sollte durch die Säure abgeschreckt werden.

Da bei unserem gierigen Hund mit stärkerem Kaliber gearbeitet werden musste, wählte Karlo keine Scheibe, sondern eine halbe Zitrone. Diese legte sie bereit und wartete auf eine günstige Gelegenheit, die sich, wie nicht anders zu erwarten, sehr schnell bot. Wastel saß mal wieder vor dem Tisch und versuchte sein Frauchen mit geübtem George-Clooney-Blick zu hypnotisieren. Meine Frau täuschte Wirkung an und reichte dem gierigen Dackel die Zitrone runter. – Zwei kurze Schmatzer – einmal schlucken – die Zitrone war verschwunden – der Hund wollte mehr.

Er hatte überhaupt nicht registriert, was er verschluckt hatte. Unsere anschließenden Befürchtungen hinsichtlich möglicher gesundheitlicher Schäden waren unbegründet.

Ein weiterer großer Fehler war das Füttern mit Essensresten. Wastel war vollkommen von meinen Kochkünsten überzeugt, zeigte aber auch schnell ähnliche Wölbungen um die Hüften wie sein Herrchen. Sein Lieblingsessen waren Nudeln mit Schinken und geriebenem Käse. Damit deckte sich sein Geschmack mit meinem und dem meines Vaters. Es handelt sich hierbei um ein sehr schnell herzustellendes Gericht. Eigentlich braucht man nicht länger als die acht Minuten, welche die Nudeln zum Garen benötigen. In dieser Zeit ist lediglich der gewürfelte Schinken glasig zu braten, der anschließend gemeinsam mit dem ausgelassenen Fett über die Nudeln gegossen wird. Käse drüber – fertig. Aber auch hier sind Feinheiten zu beachten. Das beginnt mit der Auswahl der Nudeln. Makkaroni und Spaghetti sind meines Erachtens am geeignetsten. Weiterhin sollte der Schinken recht mild und recht fett sein. Mein Vater meinte immer, dass er eigentlich überhaupt keinen mageren Schinken zu diesem Essen benötigen würde. Ich schloss mich dieser Meinung an und verwende seither nur noch fetten, selbst geräucherten Rückenspeck. Hat man aber doch einen mageren Anteil, so kommt zuerst der Speck in die Pfanne, und erst wenn dieser glasig ist, wird der magere Schinken kurz mit erwärmt. Brät der Schinken zu lange, wird er zu salzig. Als Käse passt meiner Meinung nach Emmentaler am besten dazu.

Wastel fraß mit Urvertrauen alles, was in seine Schüssel kam.

Eines Tages besuchte uns unser Neffe aus München mit seiner jungen Familie. Sein erster Sohn war damals etwa ein dreiviertel Jahr alt und wurde gerade der Windel entwöhnt. Zu festgelegter Zeit war also Töpfchen dran. Dieses wurde, um während der Anstrengungen des kleinen Bayern die Kommunikation aufrechterhalten zu können, in der Küche aufgestellt. Alle Erwachsenen waren anwesend und feuerten ihn an.

Endlich deuteten süßliche Gerüche auf den Erfolg der Aktion und der Held wurde von seinem Thron genommen. Alle Anwesenden bestaunten angemessen das Ergebnis und folgten unter orientalisch blumigen Gelobe der stolzen Mutter und dem Kleinen zu den notwendigen Reinigungsarbeiten ins Bad.

Wieder in der Küche wollte ich mich um die Beseitigung des Verdauungsergebnisses kümmern. Doch was war das? Der Topf war leer!

Neben dem Topf saß der Dackel und schaute mich mit großen traurigen Augen an, als wollte er sagen: „Hoffentlich war das nur mal ein Ausrutscher und du kochst in Zukunft wieder besser."

Die Ernährungsfehler rächten sich leider. Nach knapp elf Jahren mussten wir unseren ersten und heiß geliebten Hund begraben. Der Tierarzt hatte zwar auch einen Herzfehler diagnostiziert, aber bei artgerechtem Futter in richtiger Menge, hätte er sicher bessere Karten gehabt. Vielleicht wäre ihm dann aber in jüngeren Jahren etwas anderes zugestoßen. Auf jeden Fall hatte er ein schönes Leben.

Als Wastel gestorben war, wollten wir keinen Hund mehr. Die Trauer hatte uns sehr mitgenommen. Überall sahen wir noch unseren Hund, was uns jedes Mal sehr berührte. Nach etwa drei Wochen waren wir aber so weit, mit der Situation realistischer umzugehen. Wir trauerten zwar immer noch sehr um unseren Dackel, aber wir blickten wieder zuversichtlicher nach vorn.

Hatten wir uns nicht immer vorgenommen nach Wastel einen Jagdhund auszubilden? Und war es jetzt nicht so weit? Außerdem würde uns die Situation viel vertrauter vorkommen, wenn die „untere Etage" wieder belebter wäre. Wir beratschlagten eine Weile und entschlossen uns schließlich, das Vorhaben „zweiter Hund" anzugehen.

Doch was sollte es für einer sein?

Einen Dackel wollte meine Frau erst einmal nicht mehr. Der würde uns zu sehr an Wastel erinnern.

Wir kannten Ottos Deutschen Jagdterrier. Die Hunde waren äußerst charakterfest und stöberten gut, wenn auch für meinen Geschmack zu schnell. Für uns war diese Rasse zu ungestüm.

Im Nachbarort wurden gute Deutsch-Drahthaar gezüchtet und ausgebildet. Die Hundeführer kannte ich, was den Vorteil gebracht hätte, bei der Ausbildung Unterstützung zu erhalten. Außerdem hatte mich Don, trotz des Fingerbisses bei der Drückjagd, überzeugt. Der Nachteil bei den Vorstehhunden ist aber, dass man mit diesen Tieren für die Prüfungen sehr viele Disziplinen trainieren muss, die man bei fehlendem Niederwild nie wieder braucht.

Wir überlegten, was ein Hund bei unseren Revierbedingungen alles können müsste: Er müsste einigermaßen nachsuchen können, außerdem stöbern und auch eine gewisse Schwarzwildschärfe musste er mitbringen. Ein Familienhund müsste er natürlich auch sein.

Wir wälzten diverse Hundebücher und sprachen mit jedem, der uns beraten konnte. Aber – zehn Bücher und zehn Jägermeinungen ergaben zwanzig Ergebnisse.

Das alles hatte aber den Vorteil, dass wir uns auch mit Rassen auseinandersetzten, welche seltener anzutreffen waren. Und so entschieden wir uns für einen Kopov – eine slowakische Schwarzwildbracke.

Diesen mittelgroßen, schlanken Hunden eilte der Ruf voraus, gute Schweißarbeit zu leisten und äußerst geschickt an Schwarzwild zu arbeiten. Bei der Ausbildung und Zucht wurde großer Wert auf vorsichtiges Herangehen an die Schwarzkittel gelegt, so dass wenige Hunde dabei zu Schaden kamen. Außerdem sollten sie sehr anhänglich sein. Wir suchten im Internet nach einem Züchter und fanden ihn unweit in Negast.

Nach einer telefonischen Anmeldung besuchten wir ihn.

Er hatte drei Hunde dieser Rasse, die uns allesamt sehr gefielen. Eine Hündin war tragend und die Welpen sollten in wenigen Tagen fallen. Wir waren uns schnell einig.

Um den jungen Hund möglichst fest auf uns zu prägen, planten wir unseren Jahresurlaub so, dass wir den acht Wochen alten Welpen zu Beginn der drei Wochen Urlaub erhalten würden. Wir freuten uns schon auf die schöne Zeit. Doch leider entwickelte sich die Sache nicht wie geplant. Immer wieder rief ich beim Züchter an, ob die Jungen denn nun schon da wären, immer wieder eine negative Antwort. Irgendwo steckte hier ein Rechenfehler.

Nun war unser Urlaub schon auf vier Wochen herangekommen und der Wurf war immer noch nicht da. Wir stoppten die Aktion und sagten unserem Züchter traurig ab. Die Prägungsphase eines Welpen zu verpassen, bei zwei intensiv berufstätigen Führern erschien uns nicht ratsam.

Leider waren Kopov-Alternativen nicht verfügbar. Wir suchten weiter. Als wir uns für die slowakische Schwarzwildbracke entschieden hatten, war der Deutsche Wachtel, auch Deutscher Försterhund genannt, nur knapp dahinter auf Platz zwei gelandet. Der Grund für diese Zweitplatzierung war vor allem das längere Fell. Wir beabsichtigten zwar den neuen Hund nicht mehr ausschließlich im Haus zu halten und einen Zwinger zu bauen, aber ganz ohne Wohnungsaufenthalt, das wollten und konnten wir nicht. Da waren kurze Haare besser. Deshalb war der Kopov in Führung gegangen.

Wir erinnerten uns an diese Rasse und suchten im Internet. Auf der Internetseite des „Vereins für Deutsche Wachtelhunde" fanden wir Namen und Telefonnummer des Zuchtwartes für Mecklenburg-Vorpommern und riefen an. Zu unserer Freude teilte er uns mit, dass er zufällig am Vortag vier prächtige Welpen abgenommen und tätowiert hätte und dass der Züchter noch nicht für alle einen Abnehmer hatte.

Am folgenden Wochenende fuhren wir zu der angegebenen Adresse in ein kleines Dorf bei Güstrow. Der junge Züchter freute sich einen jagdlich aktiven Halter für einen seiner Hunde gefunden zu haben und führte uns zum Zwinger. Als er diesen öffnete, stürzten sofort Hündin und drei unwahrscheinlich süße Welpen auf die Wiese. Alle waren braun mit geringem Schimmelanteil. Einer hatte einen weißen Kragen, einer einen weißen Schwanz und der dritte hatte einen weißen Kragen und einen weißen Schwanz. Der vierte war am Vortag verkauft worden.

War das ein Gewusel. Die kleinen Wachtel waren viel mobiler als damals die kleinen Dackel und der Züchter hatte ordentlich zu tun, die Meute zusammenzuhalten. Der mit dem weißen Hals und Schwanz suchte sofort interessiert die Nähe meiner Frau, die sich sofort in ihn verliebte.

Die Entscheidung war gefallen.

„Wie heißen denn die Kleinen?", wollte ich vom Züchter wissen.

„Also das ist ein D-Wurf, das heißt, alle Namen müssen mit D anfangen. Sie können ihren Hund natürlich nennen, wie Sie wollen. Nur bei Prüfungen müssen Sie mit dem Namen aus der Ahnentafel arbeiten. Deshalb ist es besser, Sie behalten den Namen bei."

„Ich verstehe. Dann nennen Sie doch die Namen."

„Also die drei heißen Dachs, Darko und Don."

„Was, welcher heißt Don?"

Es war Karlos Liebling. So ein Zufall. Es gab kein Zurück mehr. Nun hatte ich auch einen Don, Don von Filgen.

Wir packten unseren neuen Hund ein und fuhren nach Hause. Der Name war übrigens nicht der einzige wundersame Zufall. Als wir einige Tage später die Papiere des Hundes bekamen, stellten wir fest, dass Don am Todestag von Wastel geboren worden war. Das musste einfach unser neuer Hund sein.

Zu diesem Thema hatte unsere Katze allerdings eine völlig andere Meinung. Ossi war eines Tages von seinen Streunereien nicht mehr wiedergekommen und Karlo hatte sich eine neue kleine Katze aus dem Tierheim geholt. Obwohl das kleine schwarz-weiße Kätzchen weiblichen Geschlechts war, wurde sie Piefke genannt – meine Frau hatte früher einmal einen Kater mit diesem Namen. Der neue Hausbewohner war Piefke gelinde gesagt nicht geheuer. Hatte sie mit dem gemütlichen Wastel noch nebeneinander auf dem Sofa gelegen, machte sie nun das aberwitzige Tempo des kleinen Rackers, mit welchem er Haus und Grundstück aufklärte, nervös und sie zog für die nächsten vier Wochen in die obere Etage, die für unsere Hunde tabu war und ist.

Wir hatten einen schönen Urlaub. Der Kleine wurde gekuschelt, aber auch schon etwas trainiert. Ich hatte die Decke des ersten in diesem Jahr erlegten Jährlings getrocknet und ein Stück davon an eine große Angel gebunden. Don hatte einen Heidenspaß das Ding zu fangen. Wir legten kleine Schleppen und freuten uns, wenn der Hund zum Ziel fand. Aber irgendwie fehlte uns die Zuversicht, den Hund alleine und ohne Unterstützung ausbilden zu können.

Da lasen wir in der Zeitung, dass in Anklam ein Hundeführerlehrgang beginnen sollte. Zielgruppe waren Jäger, aber auch andere Hundehalter. Das konnte man sich ja mal ansehen.

Der Kurs begann auf dem Anklamer Flughafen. Viele Hunderassen waren vertreten, angefangen mit einigen Dackeln über Mischlinge, einem kleinen Münsterländer, unserem Wachtel bis hin zu einem Riesenschnauzer und einem japanischen Bärenhund. Wir begaben uns auf das umzäunte Flughafengelände und der Kursleiter meinte, dass wir unsere Hunde von der Leine lassen sollten, damit sich diese austoben und kennenlernen könnten. Das taten wir dann auch.

Chaos brach aus.

Die meisten Hunde waren der Meinung, dass ab sofort die Rangordnung im Rudel ermittelt werden sollte und suchten lauthals Streit. Der größte, der japanische Bärenhund, hatte sichtlich nicht gefrühstückt und sofort einen Dackel quer im Fang, was zur Folge hatte, dass die Dackelfraktion sofort geschlossen den Lehrgang verließ. Nur unser Hund beteiligte sich nicht an der Balgerei und bediente ausgiebig seinen Freiheitsdrang, das heißt, er war nur noch am Horizont zu sehen. Nur gut, dass der Platz eingezäunt war.

Das unbändige Verlangen die weite Welt zu sehen, war ein großes Problem, was wir mit unserem Hund hatten, und führte zu einigen kostspieligen Umbauten auf unserem Grundstück.

Als Erstes waren die Gitterstangen des neu aufgebauten Hundezwingers zu weit auseinander und wurden mit Kükendraht abgedichtet.

Dann waren auch die Stangen des Gartentores nicht eng genug zusammen, so dass der Rest vom Draht Verwendung fand.

Mit wachsendem Sprungvermögen des jungen Hundes stellte sich heraus, dass das Tor zu niedrig war. Der Metallbauer erhöhte es.

Der Hund wurde größer, das Tor wurde noch mal erhöht.

Eines Nachts im darauffolgenden Winter jammerte der Kleine im Hauswirtschaftsraum. Wir hatten schon am Tag festgestellt, dass er etwas Durchfall hatte. Ich schlief fest und meine Frau ließ den Hund auf die verschneite Wiese. Damit es schnell ging, hatte sie sich nur den Bademantel übergeworfen und meine Filzstiefel angezogen. Der Hund stürzte aus dem Haus und machte sich sofort krumm. Es war allerhöchste Zeit. Mitleidig verfolgte Karlo bei minus zehn Grad, wie sich der Hund quälte.

Endlich war er fertig, schüttelte sich, startete, sprang über den Zaun und verschwand im Licht des Halogenstrahlers. Alles Pfeifen half nicht. Der Hund reagierte nicht. Nach der üblichen Viertelstunde erschien er wieder, sprang an derselben Stelle wieder über den Zaun und wurde von Frauchen gelobt.

Auch wenn meiner Frau überhaupt nicht nach Loben war, musste das sein, da der Hund sonst angenommen hätte, dass er für das Zurückkommen bestraft würde.

Der Metallbauer erhielt den nächsten Auftrag. Der Zaun wurde erhöht.

Beim Hundelehrgang waren inzwischen die Jagdhunde und Jäger unter sich. Da wir nicht mehr auf dem Flughafengelände übten, war das Ausbüxen unseres Hundes lästig. Meine Lehrgangskameraden meinten sich des Problems annehmen zu müssen. Das Zauberwort war Teletaktgerät. Mit diesem inzwischen verbotenen Gerät war man in der Lage dem unartigen Hund einen kleinen Stromschlag am Hals zu geben, den man mit einer Funkfernbedienung auslöste. Ich hatte Bedenken, denn Don tat mir leid. Da mir aber versichert wurde, dass diese Methode schon bei kleinsten Stromstärken sofort Wirkung zeigen und dem Hund für immer seine Flausen austreiben würde, stimmte ich dem Versuch zu.

Am nächsten Sonnabend sollte es so weit sein. Aus Don sollte ein braver Hund werden. Die Übungstruppe versammelte sich an einem Feldrain, Don wurde das Teletaktgerät umgelegt und ich löste die Hundeleine. Der Hund startete durch und war in kürzester Zeit außer Sichtweite. Mein Kollege drückte verdattert auf dem Sender herum.

„Irgendwas ist nicht in Ordnung – ach ich weiß, ich hätte die beiden Teile noch synchronisieren müssen."

„Na dann mach doch."

„Nee, das geht nur, wenn der Hund wieder da ist."

Wir warteten die übliche Viertelstunde, bis der Hund zurückkam. Das Gerät wurde synchronisiert. „So, nun muss der Hund wieder abhauen."

Das war leichter gesagt als getan. Don hatte alles, was für ihn von Interesse war, angeschaut und sah keinen Grund dies zu wiederholen. Vereint und lautstark forderten wir ihn auf zu laufen. Endlich lief er los.

„So, nun rufe ihn und wenn er nicht reagiert, drücke ich ab." Ich rief. Der Hund reagierte nicht. Mein Kollege drückte. Der Hund lief weiter. „So ein Mist!"

Als Don wieder erschien, stellte sich heraus, dass der Akku des Gerätes leer war. Ein anderer Kursteilnehmer holte daraufhin seine Technik. Aus der Erziehungsmaßnahme wurde aber trotzdem nichts mehr. Don saß mit heraushängender Zunge neben mir und hatte keinerlei Lust noch einmal auszubüxen.

Ein paar Wochen später stand dann die Jugendprüfung an. Da zu diesem Zeitpunkt in Mecklenburg-Vorpommern die Vogelgrippe grassierte und alle Hundeprüfungen verboten waren, wurde diese im niedersächsischen Lehrte durchgeführt.

Prüfungsfächer waren die „Hasenspur" mit den Unterfächern „Nase", „Spurlaut", „Spurwille" und „Spursicherheit", die „Stöberanlagen", die „Wasserfreude", die „Führigkeit" und die „Schussfestigkeit". Das Problem war, dass Don noch nie einen Hasen gesehen hatte.

Nach einem kurzen Frühstück ging es los. Wir stolperten bei starkem Wind über einen schlammigen Rapsacker. Um uns herum heulten die Windkraftanlagen. Dons zweite Unart war seine Ansicht, dass er in absolut jeder

Situation der Chef war. Er zeigte keinerlei Leinenführigkeit. Sein Bruder Darko nahm auch an der Prüfung teil und verhielt sich ebenso. Der Züchter erzählte mir später, dass alle Hunde dieses Wurfes und auch die Mutter das gleiche Problem hätten. Das half mir hier aber nicht weiter. Wir machten keinen guten Eindruck.

Der Acker war voller Hasen. Jeder Prüfling bekam die Möglichkeit zwei Hasenspuren zu arbeiten. Dazu wurde durch den Prüfer der jeweilige Hund benannt und sobald ein Hase gesichtet wurde, musste der Hundeführer seinen Hund ablenken, damit dieser den Hasen nicht sieht. Nachdem der Hase geflüchtet war, sollte dessen Spur durch den Hund gearbeitet werden.

Wie sollte ich meinen Hund ablenken und nach hinten drehen, wenn dieser ständig wie ein Schlittenhund nach vorn zog? Endlich gab mir der Prüfer ein Zeichen. Wir waren dran. Die gesichteten Hasen kamen auf uns zu. Don hatte sie glücklicherweise noch nicht gesehen. Ich schnappte mir meinen Hund, drehte ihn so, dass er nach hinten schaute und hielt ihn mit aller Kraft fest. So konnte ich allerdings auch nicht das Geschehen vor und auf dem Raps beobachten und musste mich voll auf den Prüfer konzentrieren. Dieser stand etwa fünfzig Meter von uns entfernt.

Dann kam das Kommando: „Los!"

Ich ließ Don frei und der stürzte sofort in Richtung der Hasen.

„Haaalt! Was machst du denn?!" Der Prüfer ruderte wild mit den Armen. „Die Hasen waren doch noch gar nicht weg!"

Wo war Don?

Der lief mit voller Geschwindigkeit und mit „Sichtlaut" den Hasen hinterher. Das war also schief gegangen.

Ich ging zum Prüfer und fragte, was ich falsch gemacht hätte. Es klärte sich schnell auf. Der Prüfer hatte: „Wenn ich dir ein Zeichen gebe, lässt du ihn los", gerufen. Bei dem Höllenlärm des Windes und der Windräder war allerdings nur das letzte Wort bei mir angekommen.

Ich hoffte auf den zweiten Hasen. Jetzt klappe das Ansetzen besser und Don ging spurlaut voran. Auch den ersten Haken, den der Hase geschlagen hatte, arbeitete er ordnungsgemäß aus. Dann traf er auf ein Kiebitzgelege. Die Vögel flogen ihn immer wieder an, um ihn vom Nest zu vertreiben. Don sprang nach den Kiebitzen – die Hasenspur interessierte ihn nicht mehr im Mindesten. Auch das war kein gutes Ergebnis.

Die restlichen Prüfungsfächer erledigten wir zwar zur allgemeinen Zufriedenheit, aber insgesamt erreichte Don nur einen dritten Preis, was ihn von der Zucht ausschloss. Unsere Hunde hatten mit den Mädels einfach kein Glück.

Um unseren Hund bei der Jagd zu führen, musste die Brauchbarkeit entweder durch die bestandene Eignungsprüfung des Vereins für Deutsche Wachtel oder die Brauchbarkeitsprüfung des Landkreises nachgewiesen werden. Ich wollte uns beide Optionen erhalten und wir trainierten weiter.

In Anklam übten wir vor allem die Wasserarbeit. Dazu wird eine tote Wildente ins Wasser geworfen. Dann wird der Hund hinterhergeschickt und muss die Ente finden. Wenn er in Richtung Ente schwimmt, muss der Führer auf diese schießen, um eine Jagdsituation zu simulieren. Das klappte ganz gut. Don hatte einen Heidenspaß bei dieser Übung.

Für die spätere jagdliche Praxis war die Schweißarbeit von höchster Wichtigkeit. Da die Trainingsgruppe in Anklam hauptsächlich aus Vorstehhunden bestand, bei denen die Schweißarbeit kein Prüfungsfach war, wurde diese nicht geübt, so dass ich meine Beziehungen zum Dackelklub nutzen musste. Die Dackel übten fast jedes Wochenende. Dazu wurden in einem von der Forstverwaltung zur Verfügung gestellten Waldgebiet am Vortag der Übung einige Schweißfährten gelegt. Am Ende der Fährte wurde dann eine Rehwildecke oder Schwarzwildschwarte hingelegt, um dem Hund den Jagderfolg zu simulieren.

Ich startete mit Don den ersten Versuch.

Verfolgt von einer Schar interessierter Kollegen stürzte ich, nachdem ich meinem Hund den „Anschuss" gezeigt hatte, hinter ihm her. Die Verfolger kamen bald nicht mehr nach und wenige Minuten später standen wir an der Rehdecke.

Das ging aber flott.

Die Nase von Don war also schon einmal nicht schlecht. Bei seinem Arbeitstempo machte er aber öfter Fehler, so dass ich jede Gelegenheit zum Üben nutzte.

Dann war der Tag der Eignungsprüfung gekommen. Sie fand in Schwartow bei Boizenburg statt. Da wir etwa drei Stunden für die Anfahrt benötigten, war ich mit Don schon am Vortag angereist. Am nächsten Morgen begann die Prüfung mit einem Appell. Die vielen unbekannten Hunde machten Don sichtlich nervös und ich machte mir um seine Konzentration erhebliche Sorgen. Nachdem der Ablauf erläutert und Prüfungsgruppen gebildet waren, ging es los.

Wir begannen mit der Schweißarbeit.

Da wir fleißig geübt hatten und Don auch ein gewisses Talent gezeigt hatte, war ich recht zuversichtlich. Gegenüber unseren Trainingsfährten, wo der Weg für den

Hundeführer mit Ästen gekennzeichnet war, gestaltete sich die Prüfung aber ungewohnt schwierig, da ich selbst nicht wusste, ob der Hund richtig war. Ich musste mich voll auf ihn verlassen.

Es war ein sehr heißer Sommertag und es herrschte eine immense Trockenheit, was es den Hunden nicht unbedingt leichter machte. Man denkt immer, dass Regen die Schweißarbeit komplizierter macht, weil der Regen den Schweiß auflöst, aber die Hunde sind trotzdem gut in der Lage ihre Aufgabe zu erfüllen. Trockenheit dagegen erschwert die Arbeit sehr.

Bald waren wir an der Reihe. Unsere Vorgänger hatten mit einiger Mühe die Prüfung geschafft. Uns wurde unser „Anschuss" gezeigt und los ging es. Nach etwa einhundert Meter stoppten uns die Prüfer.

Wir waren falsch. So ein Mist.

Die Prüfer fragten mich, ob ich mitten drin weitermachen oder wieder am Anschuss beginnen wollte. Da ich keine Erfahrungen in dieser Beziehung hatte, hielt ich es für besser, noch mal von vorn zu beginnen. Das Ergebnis war, dass Don wieder den gleichen Fehler beging und wir an der Stelle ankamen, wo wir beim ersten Mal gestoppt wurden.

Wieder wurde ich gefragt, ob ich von vorn beginnen wollte. Wieder entschloss ich mich neu zu starten und wieder ging alles daneben. Ich wurde zu den Prüfern gerufen und mir wurde eröffnet, dass wir die Prüfung nicht bestanden hätten. Traurig gingen wir zu unserer Gruppe zurück.

Ein älterer erfahrener Hundeführer, mit dem ich mich vor unserem Start unterhalten hatte, versuchte mich zu trösten. „Komm schon, die nächste Prüfung schafft ihr bestimmt. Du hast doch erzählt, dass ihr die Wasserarbeit so intensiv geübt habt. Das klappt schon. Aber sag mal, warum hast du denn immer wieder von vorn begonnen?"

„Na was sollte ich denn machen, ich weiß doch nicht, wo der Hund von der Fährte runter ist. Da muss ich doch von vorn beginnen."

„Du hättest doch ab der Stelle weiterarbeiten können, wo die Prüfer stehen geblieben sind."

„Aber was weiß ich denn, ob die auf der Fährte standen?"

„Die bleiben immer auf der Fährte stehen. Außerdem siehst du wenn du dich umdrehst, ob du richtig bist. Auf der Rückseite einiger Bäume ist ein weißer Punkt angetackert. Ohne diese Orientierung würden die Prüfer ja auch nicht zurechtkommen."

Wenn ich das bloß eher gewusst hätte.

Neues Spiel, neues Glück.

Wir fuhren zu einem kleinen See. Wasserarbeit wurde geprüft. Ich war mir sicher, dass es hier besser laufen würde. Don gab die Ente zwar nicht ordnungsgemäß in die Hand, was Punktabzug bedeuten würde, aber alles andere klappte praktisch immer.

Wir wurden aufgerufen.

Ich ging mit Hund, Flinte und Entenleiche zum Prüfer. Der stand an einer kleinen Bucht.

„Pass auf, wir machen das so. Du gibst mir die Ente, ich gehe auf die andere Seite und werfe sie ins Wasser. Dann schnallst du den Hund und schießt, wenn der Hund in Richtung Ente schwimmt. Dann bringt dir der Hund die Ente und du nimmst sie ihm ab. Alles verstanden?"

Gesagt, getan.

Als der Prüfer auf dem gegenüberliegenden Ufer ange-kommen war, gab es noch mal einen kurzen Blickkon-takt und schon hatte die Ente ihren letzten Flug.

Don hatte das Ganze interessiert beobachtet und war, da er wusste, was wir von ihm wollten, ganz aufgeregt.

Ich schnalle ihn und er stürzt sich in die Fluten. Nun die Flinte von der Schulter und auf die Ente anlegen. Nur nicht blamieren und das Ziel verfehlen.

Rrrums!

Getroffen!

Don schnappte sich die Ente und – brachte sie dem Prüfer!

Er hatte die oft trainierte Übung völlig falsch verstanden, nicht als Entenjagd, sondern als Verlorenbringen. Und verloren hatte die Ente ja schließlich der Prüfer. Diese gute Absicht brachte allerdings keine Punkte.

Wir waren wieder durchgefallen, ich brach die Prüfung ab und wir fuhren nach Hause.

Jetzt mussten wir die letzte Chance nutzen und die Brauchbarkeitsprüfung des Landkreises bestehen. Also wurde das Training nochmals verschärft.

Die Brauchbarkeitsprüfung fand im Forstamt Pudagla auf der Insel Usedom statt. Geprüft wurde Schweißarbeit und Gehorsam. Wir begannen mit der Schweißfährte.

Als Erstes startete ein uns bekannter Jäger. Er führte re-gelmäßig und mit großem Erfolg seine Deutsch-Draht-haar durch alle relevanten Prüfungen und musste bei sei-nem aktuellen Hund nur noch Schweißarbeit bestehen, um den Hund zu komplettieren. Er bestand die Prüfung, brauchte aber recht lange, bis er fertig war. Mir wurde schon wieder mulmig.

Dann waren wir an der Reihe.

Don zog wie gewohnt ab dem „Anschuss" kräftig an, hinterließ aber den Eindruck, dass er wusste, was er tat. Zuversichtlich stolperte ich hinter ihm her.

„Haaalt! Ihr seid faaalsch!"

Aha, Don wusste offensichtlich, was er tat, aber nicht, was er tun sollte. Nun nicht wieder die Nerven verlieren. Ich holte den Hund an der langen Leine heran und bewegte mich langsam in Richtung Prüfer. Dabei suchte ich hinter dem wartenden Tross nach weißen Punkten an den Bäumen. Und richtig, hinter den Prüfern sah ich noch einige Punkte. Dann waren keine Kennzeichnungen mehr vorhanden. Also musste die Fährte bei den wartenden Prüfern nach rechts oder links abgebogen sein. Mal sehen was der Hund machen würde. Angekommen zog Don nach links. Ich schaute dem Oberprüfer in die Augen, er war recht entspannt, das schien zu stimmen. Und so ging es weiter. Don verlief sich noch zwei oder drei Mal. Das wurde mir, Gott sei Dank, nicht angelastet.

Im Prüfungstross befand sich auch mein Trainer, der Dackelklubvorsitzende und Hundewart des Kreisjagdverbandes. Immer wenn wir falsch waren, übernahm er das Wort: „Habt ihr gesehen! Der Hund war richtig, der Führer hat ihn aber von der Fährte gezogen. Der Hund ist gut. Der Führer hat keine Ahnung. Wir prüfen heute aber den Hund. Der Hund ist gut!"

So erreichten wir das sechshundert Meter entfernte Ziel.

Geschafft! Die erste Hürde war genommen.

Nun wurde Gehorsam geprüft.

Es gab drei Disziplinen. Als Erstes wurde der Hund so im Wald abgelegt, dass er mich nicht mehr sehen konnte. Dort musste er zehn Minuten, ohne sich zu bewegen, bleiben, obwohl in seiner Nähe einige Schüsse abgefeuert wurden. Das war geübt, das klappte. Dann wurde eine Drückjagdsituation simuliert. Alle Prüflinge standen mit ihren Führern in Abständen von etwa zwanzig Metern auf einem Weg, während im Wald Treiber durchgingen und Krach schlugen. Die Führer gaben einige Schüsse ab. Die Hunde sollten ruhig liegen bleiben. Auch das funktionierte.

Nun kam die Angstdisziplin – die Leinenführigkeit.

Jeder Hundeführer sollte mit seinem Hund eine Strecke von etwa einhundert Meter durch Stangenholz gehen. Dabei sollte die Leine durchhängen. Einhundert Meter! Unser Hund schaffte normalerweise keine fünf. Trainiert wird diese Übung, indem man mit dem Hund immer so dicht an Bäumen vorbeigeht, dass er nicht ohne sich weh zu tun nach vorn preschen kann und hinten bleiben muss. Schafft er das trotzdem, so wird sofort ein Richtungswechsel vorgenommen, um ihn wieder hinter sich zu haben. In den Pausen zwischen den Prüfungen drehte ich ständig meine Runden und versuchte letzten vergeblichen Einfluss auf Don zu nehmen.

Dann waren wir dran.

Krampfhaft versuchte ich mit meinem Hund so etwas wie eine Pflichtkür hinzulegen. Nach fünfzig Metern kam der Ruf: „Halt, das reicht."

„Wie, das reicht?"

„Ihr habt bestanden."

Mir fiel ein Riesenstein vom Herzen. Wir wollten zurück. Kaum hatte ich mich umgedreht, zog Don wie ein Berserker an. Der Prüfer meinte, dass er den Rückweg auch gerne so ordentlich gesehen hätte, bestand aber auf keiner Wiederholung. Er hatte sicher meine stundenlangen Bemühungen mitbekommen und aus Mitleid die kleinen Verbesserungen gebührend bewertet.

Wir fuhren mit einem brauchbaren Jagdhund nach Hause.

Nun konnte Don mit zur Jagd. Als Erstes versuchte ich, ihn mit auf den Hochsitz zu nehmen. Da war er aber viel zu unruhig. Also blieb er im Auto. Nach jedem Jagderfolg gaben wir ihm die Gelegenheit das Stück zu suchen und zu finden. Mit echtem Wild machte es Don sichtlich noch mehr Spaß. In echten Nachsuchaktionen konnten wir ihn aber bis dahin noch nicht testen.

Bezüglich unserer Jagdmöglichkeiten hatte sich einiges verändert. Mit der neuen Pachtperiode war ich Pächter geworden und jagte auch in Ottos ehemaligen Pirschbezirk. Gleichzeitig hatte ich noch gemeinsam mit Kurt den Begehungsschein im Bundesforst. Da wir dort so viel bezahlen mussten und der Plan so hoch war, saßen wir meist im Wald und vernachlässigten die Wrangelsburger Pacht.

Besonders ärgerlich war dabei, dass der Jagderfolg im Bundesforst, insbesondere durch vermehrten Holzeinschlag, zu wünschen übrig ließ.

Eines Sonntags saß ich mit Karlo im Wald. Wie so häufig bewegte sich nicht viel. Wäre der Schwarzspecht nicht gewesen, hätten wir außer uns selbst kein Lebewesen gesehen. In nicht so weiter Ferne hörten wir einen Schuss. Nach wenigen Minuten folgten aus gleicher Richtung nochmals kurz hintereinander zwei Schüsse.

War das schon wieder Thomas?

Thomas stammte aus Wrangelsburg, war aber zusammen mit seiner Frau Kerstin nach Schleswig-Holstein gezogen, wo er auch seine Jägerprüfung ablegte. Mit den Jahren verspürten die beiden Heimweh und so bauten sie sich ein Haus in Wrangelsburg und kehrten in die alte Heimat zurück. Bei der Vergabe der Pacht wurde Thomas als Begehungsscheininhaber berücksichtigt. Ihm wurde gemeinsam mit Fred, einem nicht mehr ganz so jungen „Jungjäger", der auch einen Begehungsschein bekam, ein Revierteil zugewiesen. Dort weidwerkelten sie zufrieden. Stand eine Nachsuche an, so wurde Freds Dackel Dino eingesetzt. Dino hatte alle Prüfungen, die ein Nachsuchedackel braucht, mit Bravour bestanden. Mehr ging nicht.

Dann wurde leider, aber wie erwartet, eine größere Fläche der Wrangelsburger Gemeindejagd durch die Treuhandanstalt als Eigenjagdbezirk verkauft. Der Pächtergemeinschaft war diese Absicht schon zu Beginn der Pachtperiode bekannt. Aus diesem Grunde hatten wir einen Pirschbezirk keinem Pächter zugeteilt, sondern nur mit den beiden Begehungsscheininhabern besetzt. So entstanden Ausweichmöglichkeiten für Pächter, die größere Flächen abgeben mussten. Thomas und Fred sollten nun Jagdmöglichkeiten in anderen Revierteilen erhalten, darunter auch in meinem. Thomas freute sich sehr und fragte, ob er sich schon am Abend ansetzen dürfe. Ich wies ihm einen Sitz im Bullerbruch zu. Der stand an einer Ackerkante, wo der Weizen gerade geerntet worden war, so dass Schwarzwild zu erwarten war.

Es kam wie erhofft. Thomas schoss gleich am ersten Abend ein Schwein. Am Sonntag fragte er mich, ob er noch mal an die gleiche Stelle könne. Ich stimmte dem natürlich zu. Und nun kamen wieder Schüsse aus seiner Richtung.

Nach einer halben Stunde klingelte mein Handy: „Na Thomas, warst du das eben mit dem Geballer? Da muss ja eine ganze Rotte liegen."

„Na ja, liegen tun schon mal zwei Frischlinge. Und einer ist weggelaufen. Ich bin aber der festen Meinung, ihn getroffen zu haben. Ich finde ihn aber nicht. Es ist ja schon so dunkel. Ich habe Fred angerufen. Der kommt mit Dino."

„Das ist gut, wir kommen auch."

Als wir ankamen, waren Thomas, Fred und Dino schon bei der Suche. Wir sahen die Lichtkegel der Taschenlampen im Bruch. Auf dem Acker vor der Bruchkante lagen zwei bereits aufgebrochene Frischlinge. Wir warteten. Nach einiger Zeit kamen die drei unverrichteter Dinge wieder aus dem Bruch. Fred war der Meinung, dass das Schwein doch keinen Schuss haben würde. Dino hätte es sonst ja gefunden.

Jedoch waren die Bedingungen für eine Nachsuche nicht besonders gut. Thomas hatte die Frischlinge aus einer Rotte herausgeschossen und so waren an der Ackerkante die Fährten vieler Schweine zu finden. Außerdem hatte Thomas durch das Aufbrechen der beiden Frischlinge bestimmt Schweiß an den Schuhen, was die Dackelnase noch zusätzlich durcheinander brachte. Da sich Thomas aber recht sicher war, getroffen zu haben, startete Fred noch einen Versuch. Nach einer weiteren Viertelstunde kamen alle drei wieder zurück – wieder nichts gefunden.

Ich überlegte, ob ich Don ins Spiel bringen sollte. Immerhin suchte hier Freds hochdekorierter Nachsuchedackel und Don hatte seine Jagdberechtigung nur mit Ach und Krach geschafft. Aber schließlich waren wir in meinem Revier und nichts finden konnte Don ja schließlich auch.

Ich sagte also, dass ich es mal mit Don versuchen würde. Die beiden schauten mich etwas skeptisch an. Sie kannten unsere Prüfungsleidensgeschichte. Außerdem

waren die Voraussetzungen für eine erfolgreiche Nachsuche durch die vorausgehenden Fehlversuche noch
schlechter geworden.

Ich legte Don trotzdem die Halsung an, befestigte den
langen Riemen und schon legte Don voller Passion los.

Als Erstes schnurstracks zu den erlegten Stücken. Das
kannte er. Aber nun weitersuchen.

Ich wollte von Thomas wissen, wo der Wurz in den
Bruch gewechselt war. Er zeigte mir ungefähr die Stelle. Don schnüffelte erregt an der Kante lang und stürzte
sich plötzlich ins Unterholz. Ich an der Nachsuchenleine
hinterher. Mein Hund legte das übliche Tempo vor. Es
war ganz schön schwierig ihm zu folgen und immer genug freie Leine zu geben, um ihn nicht zu unterbrechen.

Plötzlich nach etwa siebzig Schritt blieb der Hund stehen.

Das Schwein lag vor uns!

Don hatte es in weniger als fünf Minuten gefunden.

Wir freuten uns über den glücklichen Ausgang der Jagd
und lobten Don für seine erfolgreiche Arbeit. Ohne ihn
wäre der Frischling auf jeden Fall verkommen. Auch
Fred fand anerkennende Worte. Ab diesem Tag war Don
gleichberechtigter Nachsuchenhund in unserer Pächtergemeinschaft – wir waren jagdlich komplett.

Der Autor mit Don zur Hundeprüfung